Duden

Wörterbuch Wein

Redaktionelle Leitung Dr. Hildegard Hogen
Lektorat Martin Fruhstorfer
Visuelles Konzept und Umschlaggestaltung Horst Bachmann
Herstellung Monika Schoch
Gestaltung und Satz Petra Bachmann, Weinheim
Umschlagabbildung fotolia/Arkady Ten: Filling wine glass
Druck und Bindung Offizin Andersen Nexö Leipzig GmbH

Printed in Germany
ISBN 978-3-411-70359-3

www.duden.de

Duden

Wörterbuch Wein

Von Abgang bis Zweitwein

von Eckhard Supp

Dudenverlag
Mannheim · Zürich

Wein ist
in

Wein ist Poesie in Flaschen.

Robert Louis Stevenson (1850, † 1894)*

Poesie Flaschen.

Weinansprache

abbauen
nach dem Höhepunkt der Reifeentwicklung negativen geschmacklichen Veränderungen unterliegen, die durch chemische Prozesse wie etwa Oxidation hervorgerufen werden.

ABC-Trinker
Weinkonsument, der alles außer Chardonnay trinkt (engl. „anything but Chardonnay").

Abgang
die Dauer des angenehmen aromatischen und geschmacklichen Eindrucks des Weins in Mund und Rachen nach dem Schlucken, die ein Kriterium für die Qualität ist.

abgerundet
(geschmacklich) →harmonisch.

Adstringenz
zusammenziehender (lat. „adstringere"), rauer Eindruck von tanninhaltigen Weinen auf der Zunge und am Gaumen.

aggressiv
1) beißend und scharf im Geschmack, weil Säuren und Tannine nicht durch Alkohol, Frucht oder Süße gemildert werden, 2) deutlich unangenehm im Duft.

Alkoholgeschmack
in geringen Konzentrationen süßlicher, in höheren brennend wirkender Geschmackseindruck, der durch Äthanol hervorgerufen wird.

Altersaromen, Altersgeschmack, Alterston
Duft- und Geschmackseindrücke von Weinen mit fortgeschrittener Flaschenreife; bei Weißweinen sind es Aromen von Nüssen, Blättern, getrockneten Blumen, gelegentlich auch Kerosen (Petrolton), bei Rotweinen von Pilzen, Leder oder Teer.

Alterungsfähigkeit
Eigenschaft von Weinen – in der Regel aus physiologisch reifen Trauben –, die viele Jahre reifen und sich dabei verbessern können.

angenehm
ohne positiv oder negativ hervorstechende Geschmackseigenschaften, aber ausreichend vollmundig.

animalisch
an den Geruch von Tieren oder tierischen Produkten wie Fell, Leder, Moschus etc. erinnernd.

Ansprechend ansprechen

Wer zum ersten Mal das Wort „Weinansprache“ hört, das für Weinfreunde die Gesamtheit ihrer Termini zur Weinbeschreibung und -bewertung meint, der muss sich instinktiv fragen, ob Wein denn ein Lebewesen sei, das man ansprechen könne. Nun, vielleicht führt verstärkter Weingenuss ja wirklich dazu, so etwas zu glauben, aber ansonsten wird mit der Weinansprache nicht der Wein, sondern allenfalls der interessierte Zuhörer angesprochen. Der allerdings könnte sich angesichts der häufig nicht enden wollenden Kommentare und Analysen so manches Weinliebhabers oder Sommeliers tatsächlich wünschen, die Ansprache möge ein baldiges Ende haben. In der Kürze liegt die Würze!

ansprechend

→angenehm und →lebendig sowie mit einem Minimum an positiven geschmacklichen Eigenschaften ausgestattet.

Aroma

die Gesamtheit der positiv wahrgenommenen Geruchs- und Geschmacksnoten, die durch die Nase oder durch den Nasen-Rachen-Raum (Retro-Olfaktion) wahrgenommen werden.

aromatisch

ausgeprägte, markante (Sorten-) Aromen zeigend.

ätherisch

im Duft angenehm vom Alkohol oder von an Kohlenwasserstoffe erinnernden Aromen geprägt.

atmen

(nach dem Öffnen der Flasche) in Kontakt mit dem Luftsauerstoff gelangen.

aufdringlich

zu markant oder sogar unangenehm im Duft.

Ausbruch

Süßweinspezialität des österreichischen Burgenlands, insbesondere der Stadt Rust (Ruster Ausbruch), aus eingetrockneten Beeren, zu deren Most Wein in Spät- oder Auslesequalität gegeben werden kann.

ausdrucksvoll

in Duft und Geschmack markant und mit deutlich wahrnehmbaren, eigenständigen Aromen.

ausgeglichen, ausgewogen

→harmonisch.

Auslese

Prädikatsstufe für deutschen und österreichischen Wein mit geschützter Ursprungsbezeichnung aus vollreifen Trauben mit einem Mindestmostgewicht, je nach Anbaugebiet, von 83 bis 105 °Oe in Deutschland und 21 °KMW in Österreich.

Ausstattung

die gesamte äußere Erscheinung der Flasche (Form, Farbe, Etikett, Rückenetikett, Kapseln etc.).

austrocknen

1) übertrieben adstringierend wirken, sodass die Mundschleimhaut trocken wird,
2) →auszehren.

auszehren

bei zu langer Lagerung geschmackliche Fülle, Schmelz und Frucht verlieren.

avinieren

(Gläser) mit einer kleinen Menge Wein ausspülen (franz. „aviner“), um störenden Geruch zu entfernen.

Bag-in-Box
[bæg ın bɔks, engl.], Getränkeverpackung, die aus einer Kartonhülle (engl. „box“) mit eingearbeitetem Kunststoffbeutel (engl. „bag“) besteht.

Balance
→Harmonie.

balsamisch
beruhigend im Duft, mit Aromen, die an Balsamöl, Kokosnuss oder bestimmte Harze erinnern.

Balthasar
v. a. in der Champagne verwendete, etwa 12 l fassende Weinflasche; der Name geht auf Belsazar († vermutl. 539 v. Chr), den Sohn des letzten babylonischen Königs Nabonid, zurück, der für seine Orgien bekannt war.

Banderole
[ursprüngl. zu ital. „bandiera“, Fahne], amtliches Klebe- oder Verschlussband, das beispielsweise in Österreich für Qualitätsweine und in Italien („bollino“) für bestimmte DOC- oder DOCG-Weine vorgeschrieben ist, u. a. die amtliche Prüfnummer des jeweiligen Weins trägt und um den Flaschenhals oder über den Korken geklebt wird.

Beerenauslese
Prädikatsstufe für deutschen und österreichischen Wein mit geschützter Ursprungsbezeichnung aus überreifen bzw. edelfaulen Trauben mit einem Mindestmostgewicht, je nach Anbaugebiet, von 110 bis 128 °Oe in Deutschland und 25 °KMW in Österreich.

beißend
geschmacklich von einem Überschuss an Säure, Alkohol und/oder Tanninen geprägt und deshalb unharmonisch wirkend.

Biss
Festigkeit und Struktur im Geschmack; von Tanninen und Säure geprägt, aber gleichzeitig harmonisch.

Blindprobe, Blindverkostung
Verkostungsmethode, bei der zur Vermeidung der Beeinflussung des Verkosters der Wein- und Erzeugername – seltener Rebsorte, Herkunft oder Jahrgang – nicht bekannt sind; die Weine werden durch Verhüllen, Karaffieren oder das Entfernen von Etiketten, Kapseln und Korken unkenntlich gemacht.

Blume
angenehmer, vielschichtiger Duft, v. a. von Weißweinen mit einer Dominanz fruchtiger oder floraler Aromen.

Böckser
[zu Bock], Fehlaroma im Duft und Geschmack von Weinen, das je nach genauer Art

Sekundenschwanz

Wir sind alle vornehm geworden, und das früher sehr gebräuchliche, etwas vulgär klingende Synonym für den Abgang, Schwanz, hört man in Weinbeschreibungen heute kaum noch. Lediglich in Frankreich wird gelegentlich noch die Länge oder Dauer dieses Abgangs mithilfe einer Einheit, der „caudalie", angegeben, an deren Ursprung das lateinische „cauda", Schwanz, steht. Eine Caudalie übrigens entspricht – banal genug! – einer Sekunde.

und Ursache des Fehlers als Schwefelwasserstoff-, Mercaptan-, Hefe- und Aromaböckser sowie als Gärungs-, Lager- oder Flaschenböckser bezeichnet wird; am häufigsten tritt der Schwefelwasserstoffböckser (Geruch nach faulen Eiern) auf, der meist in einer frühen Phase der Gärung entsteht.

Bodensatz
→Depot.

Bordeauxverschnitt
Rotwein, der aus den im französischen Bordeauxgebiet vorherrschenden Sorten (Cabernet Sauvignon, Cabernet franc, Merlot, Petit Verdot, Malbec) gekeltert wurde.

brandig
unharmonisch nach Alkohol schmeckend.

breit
ohne geschmackliche Frische, Finesse und Tiefe, mit zu wenig Säure oder Struktur.

brillant
leuchtend, strahlend im Aussehen; mit intensiver Lichtreflexion auf der Oberfläche.

brut
[bryt, franz., roh], mit in der Regel weniger als 12 g/l Restzucker (Toleranz 3 g/l); Geschmacksbezeichnung der EU-Weinordnung für Schaumwein.

brut nature
[bryt naˈtyr, franz., zu „brut", roh, und „nature", Natur], mit weniger als 3 g/l Restzucker; Geschmacksbezeichnung für Schaumwein.

brut zéro
[bryt seˈro, franz., zu „brut", roh, und „zéro", Null], mit weniger als 3 g/l Restzucker; Geschmacksbezeichnung für Schaumwein.

Bukett
[zu franz. „bouquet", Strauß], die Gesamtheit der angenehmen und anregenden Duftnoten von vielschichtigen Weinen; in der Regel spricht man erst bei gereiften Weinen vom Bukett.

buttrig
nach Butter riechend oder schmeckend; durch Diacetyl bildende Milchsäurebakterien hervorgerufenes Aroma.

Champagnermethode
→Flaschengärung.

Chaptalisation
nach dem französischen Chemiker Jean-Antoine Claude Chaptal (* 1756, † 1832) benanntes Verfahren zum →Anreichern von Weinen.

Charakter
die Summe der geruchlich und geschmacklich hervorstechenden Eigenschaften von ausdrucksvollen Weinen.

charakteristisch
dem typischen Geruchs- und Geschmacksbild einer Rebsorte oder Herkunftsbezeichnung entsprechend.

Crémant
[kre'mã, franz., zu „crémeux", cremig (schaumig)], ursprünglich französischer, nach dem Flaschengärverfahren erzeugter Qualitätsschaumwein mit geschützter Ursprungsbezeichnung; seit 1996 auch für nicht französische Schaumweine zugelassen.

Crianza
[kri'anθa, span., Aufzucht], Qualitätsstufe des spanischen Weingesetzes für Weine, die eine bestimmte Zeit lang im Holzfass ausgebaut wurden.

Cru
['kry, franz., Wuchs, Gewächs], 1) besondere Weinbergslage in Frankreich, von deren Trauben hochwertige Weine erzeugt werden, 2) Wein aus besonderen Weinbergslagen in Frankreich und anderen Weinbauländern.

Cru bourgeois
[kry burʒ'wa, franz., zu „cru", Wuchs, Gewächs, und „bourgeois", bürgerlich], eine Klassifizierungsstufe für Weine des französischen Bordeauxgebiets, Bereich Médoc, unterhalb der Grands Crus Classés.

Cru classé
[kry kla'se, franz., zu „cru", Wuchs, Gewächs, und „classer", klassifizieren], Kurzform von →Grand Cru Classé.

Cuvée
[ky've, franz.], 1) ursprünglich eine bestimmte Weinmenge aus einem Bottich („cuve"), 2) Verschnitt von Trauben, Mosten oder Weinen mit bestimmtem Geschmacksbild, 3) Mostertrag des ersten und sanftesten Pressvorgangs in der französischen Champagne, 4) Selektion oder Sonderfüllung.

Dekanter
Karaffe zum Dekantieren.

dekantieren
Wein vor dem Einschenken aus der Flasche in eine Karaffe umgießen, v. a. um ihn von einem evtl. Depot zu trennen (franz. „décanter", abgießen), gelegentlich auch, um ihn durch intensiven Kontakt mit dem Luftsauerstoff geschmacklich zu verbessern. Das Wort geht ursprünglich auf das lateinische „canthus", den Schnabel eines Krugs, zurück.

Denominação
eigtl. Denominação de origem [dənuminɐ'sɐ̃u (də u'riʒɐ̃i)], Herkunftsbezeichnung; die Denominação de origem controlada [dənuminɐ'sɐ̃u də u'riʒɐ̃i

Kindergartenausbauweisheit

Wo immer in der deutschen Weinliteratur versucht wird, die spanische Qualitätsstufe „crianza“ ins Deutsche zu übersetzen, wird gerne zu einem kleinen Trick mit drastischen Folgen gegriffen. Da viele Weinautoren hierzulande des Spanischen nicht mächtig sind, halten sie sich einfach an die englische Übersetzung des Wortes „crianza“, „nursery“, und das ist, wie wir alle wissen, unter anderem die Kinderkrippe oder Kindertagesstätte. So wird dann aus „crianza“ schnell der Kindergarten, obwohl der ja im Englischen eigentlich „kindergarden“ heißt. Aber Achtung, das „unter anderem“ ist wichtig, denn tatsächlich steht die „nursery“ auch für Gärtnerei oder Baumschule, so wie „crianza“ eben in Wirklichkeit Aufzucht bedeutet, ganz im Sinne des französischen „élevage“, das den Ausbau von Weinen meint.

kõntru'ladə], Abk. DOC, Kategorie von geschützten Ursprungsbezeichnungen in Portugal.

Denominación

eigtl. Denominación de Origen [denɔmina'θĭɔn de o'rixen], Abk. DO, Kategorie von geschützten Ursprungsbezeichnungen in Spanien; die höhere Stufe heißt Denominación de Origen Calificada [denɔmina-'θĭɔn de o'rixen kalifi'kado], Abk. DOCa.

Denominazione

eigtl. Denominazione di origine [denɔmina'tsio:ne di o'ri:dʒine], Herkunftsbezeichnung; die Denominazione di origine controllata [denɔminat'tsio:ne di o'ri:dʒine kɔntrol'lata], Abk. DOC, Kategorie von geschützten Ursprungsbezeichnungen in Italien, die höhere Stufe heißt Denominazione di origine controllata e garantita, Abk. DOCG.

Depot

[de'po, zu franz. dépôt, ursprüngl. zu lat. depositum „abgesetzt"], dunkelfarbige, pulvrige oder festgebackene, geschmacksneutrale Ablagerung aus Hefen, Polyphenolen etc. in länger gelagerten Flaschen.

Dessertwein

Wein mit Eignung als Begleiter von Süßspeisen, z. B. Süß- oder Likörwein.

dicht

1) farbintensiv, 2) geschmacksintensiv und vollmundig.

dick

1) übertrieben farbintensiv, 2) von sehr großer Geschmacksintensität, ggfs. auch hoher Viskosität.

Districtus Austriae Controllatus

[lat., kontrollierter österreichischer Weindistrikt], Abk. DAC, Ende der 1990er-Jahre eingeführte österreichische Kategorie von Ursprungsbezeichnungen für regionaltypische Weine aus sieben Weinbaugebieten und ausgewählten Rebsorten.

Doppelmagnum

[zu lat. „magnus", umfangreich], (Wein-)Flasche mit einem Fassungsvermögen von 3 l.

dosage zéro

[do'sa:ʒ ze'ro, franz., Nulldosierung], mit weniger als 3 g/l Restzucker; Geschmacksbezeichnung der EU-Weinordnung für Schaumwein.

dry

[draɪ], mit in der Regel 17–32 g/l Restzucker (Toleranz 3 g/l); Geschmacksbezeichnung der EU-Weinordnung für Schaumwein.

duftig

von sehr feinem, fruchtigem oder blumigem Geruch.

dumpf
ohne aromatische Finesse, evtl. sogar leicht muffig oder modrig im Duft.

dünn
geschmacksarm, in der Regel extrakt- und/oder alkoholarm.

edelsüß
süß und vom Einfluss der Edelfäule geprägt (Aromen von Honig, exotischen Früchten etc.).

ehrlich
nicht sehr vielschichtig, aber mit einer gewissen Typizität in Geruch und Geschmack.

eingebunden
in Harmonie mit anderen Geschmackskomponenten, d. h. den Wein nicht dominierend (bei Säure, Tanninen, Restsüße).

Eiswein
Prädikatsstufe für deutschen und österreichischen Wein aus gefrorenen (–7 bzw. –8 °C) Trauben mit einem Mindestmostgewicht von 110 bis 128 °Oe in Deutschland und 25 °KMW in Österreich.

elegant
sehr ausgewogen und fein im Geschmack, v. a. ohne grobe Tannine oder zu viel Alkohol.

entfaltet
mit deutlich wahrnehmbarem Aroma in Duft und Geschmack.

erdig
leicht modrig in Duft oder Geschmack, ohne fruchtige oder florale Aromen.

Erste Lage
hochwertige Weinbergslage, die im Rahmen einer (im Rheingau offiziellen) Klassifizierung besonderes Prestige genießt.

Erstes Gewächs
1) Wein einer besonders hochwertigen, klassifizierten Weinbergslage, 2) deutsch für →Premier Cru.

Erzeugerabfüllung
in Flaschen gefüllter Wein eines Betriebs, der die Trauben der eigenen Weinberge verarbeitet.

Essigstich
krankhafte Veränderung im Wein aufgrund erhöhter Produktion von Essigsäure; die Weine riechen nach Essig und sind im Mund kratzig.

extra brut
[ˈekstra bryt, franz., zu „extra“, extra, und „brut“, roh], mit in der Regel weniger als 6 g/l Restzucker (Toleranz 3 g/l); Geschmacksbezeichnung der EU-Weinordnung für Schaumwein.

extra dry
[ˈekstrə draɪ, engl., zu „extra“, extra, und „dry“, trocken], mit in der Regel 12–17 g/l Restzucker

Kleiner Bruder, großer Bruder

Lange rätselten die Ampelografen über die Herkunft der Star-Rebsorte des französischen Bordeauxgebiets, des Cabernet Sauvignon, von dem man glaubte, er sei auch eine der Muttersorten seines „kleinen Bruders", des Cabernet franc. Dabei hätte der Name in diesem Fall Aufschluss geben können: Wie man heute weiß, ist Letzterer nämlich nicht der kleine Bruder, sondern eine der beiden Elternsorten des Cabernet Sauvignon. Die andere ist die Weißweinsorte Sauvignon blanc. Wie in der Grundschule: Cabernet (franc) plus Sauvignon (blanc) ergibt Cabernet Sauvignon.

(Toleranz 3 g/l); Geschmacksbezeichnung der EU-Weinordnung für Schaumwein.

Extrakt
[zu lat. „extrahere", herausziehen], die Summe aller nicht flüchtigen Inhaltsstoffe des Weins wie Zucker, Tannine, Farbstoffe, bestimmte Säuren, Glyzerin, Mineralstoffe und Eiweiß, nicht dagegen Wasser, Alkohol und flüchtige Säuren; der Extraktgehalt (in g/l) gilt in gewisser Hinsicht als Qualitätsmerkmal.

extra trocken
deutsch für →extra dry.

fad, fade
ohne geschmackliche Frische und Tiefe, ggf. überaltert oder oxidiert.

fahl
ohne Frische und Brillanz in der Farbe.

Fassgeschmack
muffiges, fauliges Aroma, ein Weinfehler, der v. a. durch unsaubere oder lange nicht benutzte Fässer verursacht wird; solche Weine werden auch als fassig bezeichnet.

Fassprobe
unfertiger Wein, der zum Zweck der Verkostung direkt aus einem Gär- oder Lagerbehälter entnommen wurde.

Fassware, Fasswein
nicht auf Flaschen gefüllter Wein.

Faulgeschmack, Fäulnisgeschmack, Faulton
modrig-muffiges Aroma, das während der Weinbergs- und Kellerarbeit (Fäulnisbefall der Trauben, Spritzmittelrückstände, unsaubere Holzfässer etc.) entstehen kann.

Federspiel
Qualitätsstufe für trockene Weißweine des österreichischen Weinbaugebiets Wachau aus Trauben mit mindestens 17 °KMW; die Bezeichnung geht auf die Falkenjagd zurück, die in der Wachau früher sehr beliebt war.

Federweißer
nur teilweise vergorener, noch kohlensäure- und hefehaltiger, trüber und süßer Most; seinen Namen bezieht das Getränk wahrscheinlich von der trübweißen Farbe (weiß wie Federn) der Hefezellen.

Fehlton
unsauberes, fehlerhaftes Aroma in Duft oder Geschmack.

fein
sehr vielschichtig und tief im Duft oder Geschmack, ohne dabei übertrieben markant oder kräftig und massiv zu wirken.

feinherb

→halbtrocken, mit häufig deutlich wahrnehmbarer Süße.

fest

von kräftiger Struktur, mit gutem Tannin- oder Säuregerüst.

fett

übermäßig üppig und vollmundig, mit sehr hohem Alkohol- oder Glyzeringehalt und zu wenig Säure oder Tannin.

Finale

der geschmackliche Eindruck am hinteren Gaumen, kurz vor dem Schlucken des Weins.

Finesse

[zu franz. „finesse", Feinheit], Eigenschaft von →feinem Wein.

Finish

[ˈfɪnɪʃ, engl., Ende], der geschmackliche Eindruck am hinteren Gaumen, inklusive des Abgangs oder Nachgeschmacks.

Firne

[zu althochd. „firni", vorjährig, alt], Aromen gealterter Weißweine, die durch Veresterung oder Oxidation entstehen und nussig, später auch madeira- oder sherryartig wirken.

flach

ohne geschmackliche Struktur und Vielschichtigkeit.

Flaschengärverfahren, Flaschengärung

Methode der Schaumweinbereitung, bei der fertig vergorene Grundweine mit einer Lösung aus Hefe und Zucker in Flaschen gefüllt werden und dort erneut gären; das Verfahren wird v. a. in der französischen Champagne praktiziert und heißt deshalb auch Champagnermethode (franz. „méthode champenoise").

fleischig

sehr üppig und kräftig im Geschmack, mit hohem Alkohol- und/oder Extraktgehalt.

flüchtige Säure

Essigsäure.

fränkisch trocken

mit weniger als 4 g/l Restzucker; Sonderbezeichnung des deutschen Weinbaugebiets Franken.

Frische

Frucht und Lebendigkeit im Geschmack durch gelöstes Kohlendioxid oder guten Säuregehalt.

Frucht, Fruchtaromen, Fruchtgeschmack

1) markante Primäraromen, die an Früchte erinnern, 2) Weingeschmack, der nicht oder nicht zu stark vom Holzausbau, von mineralischen oder von Gär- bzw. Reifearomen geprägt ist.

Zitate

Der Wein ist ein Ding, in wunderbarer Weise für den Menschen geeignet, vorausgesetzt, dass er bei guter und schlechter Gesundheit sinnvoll und in rechtem Maße verwandt wird.

Hippokrates (um 460 v. Chr., † um 370 v. Chr.)*

Der Wein ist unter den Getränken das nützlichste, unter den Arzneien das schmackhafteste und unter den Lebensmitteln das angenehmste.

Plutarch (50, † 125 n. Chr.)*

Die Deutschen trinken jeden Wein fast gleich gern. Ihr Ziel ist es, sich volllaufen zu lassen; das ist ihnen wichtiger, als hinter den Geschmack zu kommen.

Michel de Montaigne (1533, † 1592)*

fruchtig
1) nach Früchten duftend oder schmeckend, 2) halbtrocken oder lieblich im Geschmack.

fuchsig
aufdringlich nach nassem Fell riechend, gelegentlich auch mit Himbeeraromen, wie es für Weine aus Amerikanerreben charakteristisch ist.

Fülle
→Körper.

füllig
geschmacklich viel Körper zeigend, aber ohne genügend Finesse und Struktur.

füllkrank
in Aroma und/oder Geschmack aufgrund einer kürzlich erfolgten Flaschenfüllung sehr verhalten oder gar gestört wirkend, man sagt, der Wein hat einen Füllschock erlitten.

Gärbukett
[zu franz. „bouquet“ Strauß], bestimmte, übertrieben fruchtige Aromen, die während der Gärung aus Estern und Aldehyden gebildet werden und danach rasch wieder verschwinden.

Gaumen
→Geschmack.

gefällig
harmonisch, aber meist einfach im Geschmack.

gehaltvoll
intensiv und kräftig im Geschmack, extrakt- und alkoholreich.

gekocht
fehlerhaft süßlich, d. h. aufgrund von Oxidation, Überreife des Traubenguts, misslungener Maischeerhitzung oder falschem Pasteurisieren nach gekochtem Obst oder Gemüse riechend.

Gemischter Satz
zusammen geerntete und gekelterte Rebsortenmischung aus einer einzigen Weinbergsparzelle.

gepuffert
durch entgegengesetzte Geschmackseindrücke ausgeglichen (z. B. wird ein hoher Säuregehalt durch Süße, Adstringenz durch Schmelz gepuffert).

Gerbsäuren, Gerbstoffe
→Tannine

Gerüst
(geschmackliche) Struktur, Festigkeit eines Weins; bezeichnet den wahrnehmbaren Säure- oder Tanningehalt.

geschliffen
perfekt gemacht, glatt und ohne wahrnehmbare Fehler, aber auch ohne hervorstechenden individuellen Charakter in Duft und Geschmack.

Verschnittfinessen

Obwohl das Deutsche eigentlich eine Sprache mit großer Differenzierungstiefe ist, sind wir beim Verschnitt von Weinen schlechter dran als unsere weinbauenden Nachbarn. So unterscheiden etwa die Franzosen unmissverständlich zwischen dem Verschneiden von guten („assemblage“) und von schlechten („coupage“) Weinen oder ziehen die Italiener einen sehr deutlichen Trennungsstrich zwischen dem Verschneiden fertig vergorener Weine („taglio“) und dem von Trauben, die gemeinsam gekeltert werden („uvaggio“). Der Gemischte Satz, den wir in Deutschland und Österreich kennen, ist zwar im Prinzip auch solch ein „uvaggio“, seine „Mischung“ existiert jedoch schon in der Weinbergsparzelle, in der alle Sorten kunterbunt durcheinander gepflanzt sind und dann natürlich auch nur gemeinsam geerntet und gekeltert werden können.

Geschmacksangaben
Angaben auf dem Etikett, die in der Regel den Restzuckergehalt (trocken, halbtrocken etc.) betreffen.

Geschmacksentfaltung
Entfaltung der Aromen 1) durch Lüften des Weins im Glas oder 2) per Retro-Olfaktion am Gaumen.

Geschmackstypen
Ordnungsschema von Weinen gemäß ihrer wichtigsten geschmacklichen Eigenschaften. Man kann im Wesentlichen zwischen zwölf Geschmackstypen mit einer Reihe unterschiedlicher Untertypen unterscheiden, wobei die Spanne von „weiß, leicht, trocken und nicht aromatisch" über „rot, kräftig, schwer und alterungsfähig" bis hin zu „aufgespritet und süß" reicht.

geschmeidig
weich und harmonisch, aber auch kräftig im Geschmack.

getrübt
durch Trub verunreinigt; in der Regel sichtbarer Ausdruck eines Weinfehlers.

Gewächs
hochwertiger Wein (→Cru 1).

gewöhnlich
geschmacklich extrem einfach, ohne geschmackliche Finesse, Struktur und Kraft.

glänzend
→brillant (Farbe).

glanzhell
hell und brillant; eine Beschreibung der Farbe von Weißweinen.

glatt
ohne geschmackliche Rauheit, aber auch ohne hervorstechenden Charakter.

Gleichgepresster
[österr.], heller Wein aus weißgepressten Rotweintrauben.

Goudron
[guˈdrɔ̃, franz., Teer], an den Geruch von Teer bzw. Kohlenwasserstoffe erinnerndes Aroma von gereiften Rotweinen.

Grad KMW
[Abk. von Klosterneuburger Mostwaage], Einheitenzeichen °KMW, Einheit zur Bestimmung des Mostgewichts, die 1861 von August Wilhelm Freiherr von Babo (* 1827, † 1894) entwickelt wurde. 1 °KMW entspricht einem Gewichtsprozent Zucker unter Abzug einer Pauschale für den Trockenextrakt.

Grand Cru
[grã kry, franz., zu „grand", groß, und „cru", Gewächs], 1) höchste Klassifizierungsstufe für Wein mit geschützter Ursprungsbezeichnung im französischen Burgund, 2) Kurzform für → Grand Cru Classé.

Grand Cru Classé
[grã kry kla'se, franz., zu „grand", groß, „cru", Gewächs, und „classer", klassifizieren], 1) höchste Klassifizierungsstufe für Weine im französischen Bordeauxgebiet (Médoc/Graves), 2) zweithöchste Klassifizierungsstufe für Weine im französischen Bordeauxgebiet (Saint-Émilion).

Grand vin
[grã vɛ̃, franz., großer Wein], Haupt- oder Erstwein eines Weinguts, v. a. im französischen Bordeauxgebiet.

Gran Reserva
[span., große Reserve], höchste Qualitätsstufe für spanische Weine mit geschützter Ursprungsbezeichnung; die Weine müssen vor der Vermarktung mehrere Jahre in Holzfässern und in der Flasche reifen.

grasig
nach Gras, grünen Pflanzenteilen, evtl. auch unreifem Obst duftend.

grobschlächtig
geschmacklich ohne Finesse, rustikal und hart (Tannine) ohne Frucht und Aromen.

groß
von überragender geschmacklicher Qualität, komplex und sehr alterungsfähig.

Großes Gewächs
1) deutscher oder österreichischer Wein einer besonders hochwertigen, (offiziell) klassifizierten Weinbergslage,
2) deutsch für →Grand Cru.

Großlage
größere Weinbergsfläche, in der Regel Zusammenfassung mehrerer Einzellagen (in Deutschland) mit geringeren Ansprüchen an die Homogenität von Böden und Klima bzw. an die geschmackliche Einheitlichkeit der Weine.

grün
geschmacklich säuerlich, spitz oder sogar adstringierend bis bitter; von unreifer Säure oder unreifen (grünen) Tanninen geprägt.

Gutsabfüllung
Erzeugerabfüllung aus einem Betrieb, der von einem ausgebildeten Önologen geleitet wird und eine eigene Steuerbuchhaltung führt.

halbsüß
mit deutlich wahrnehmbarer Süße; die Bezeichnung gilt nach dem deutschen Weingesetz für Weine mit 12–45 g/l Restsüße.

halbtrocken
nicht ganz trocken, mit leichter Süße; die Bezeichnung gilt nach dem deutschen Weingesetz für

Weine mit 4–12 g/l Restsüße; der Restzuckergehalt kann bis auf 18 g/l steigen, wenn er nicht mehr als 10 g/l über dem Säuregehalt liegt.

Haltbarkeit
Zeitspanne, während der ein Wein genießbar ist.

Harmonie
Eigenschaft von Weinen, deren einzelne Geschmackskomponenten sich im Mund ergänzen (z. B. Süße und Säure) und die nicht ihre negativen Aspekte gegenseitig verstärken (z. B. Säure und Tannine).

hart
säure- oder tanninbetont, ohne ausreichend Alkohol, Glyzerin oder Restsüße.

Hefeabzug
direkt vom Hefelager im Fass oder Tank abgefüllter Wein.

Hefeböckser
leicht fauliges, böckserartiges Gäraroma, das z. B. durch ungewolltes Nachgären des Weins in der Flasche entsteht.

Hefeton
an den Geruch von Hefe oder Backwerk erinnerndes Gäraroma, das im Unterschied zum →Hefeböckser insbesondere bei Schaumweinen häufig erwünscht ist.

herb
geschmacklich sehr hart und rau oder adstringierend, oft auch trocken oder sogar bitter.

Herkunft
geografischer Ursprung der Trauben, aus denen ein Wein gekeltert ist.

Herkunftsbezeichnung
in der Regel gesetzlich geschützte Bezeichnung für ein geografisch genau definiertes Weinbaugebiet; im europäischen Weinrecht seit 2009 „Ursprungsbezeichnung“.

hochfarbig
(relativ) dunkel und fahl, was bei Weißweinen auf Oxidation oder Überalterung hindeutet.

hohl
geschmacksarm, ohne Dichte und Tiefe.

Holzaromen
→Holzgeschmack.

holzbetont, holzig
mit markantem, ggf. zu starkem Holzgeschmack.

Holzgeschmack, Holznoten
Aromen und Geschmacksnoten, die beim Ausbau von Wein in Holzfässern entstehen oder vom Holz in den Wein übergehen; z. B. Zimt- oder Vanillearomen, bestimmte Tannine.

Die Weinsprache im Wandel der Zeit

Wer einmal ein Weinbuch aus den 1960er- oder 1970er-Jahren in die Hand nimmt, dürfte erstaunt sein, wie wenig sich das Vokabular der Weinanalyse und -beschreibung über die Jahrzehnte geändert hat. Natürlich hat damals noch niemand geschrieben: „Heute rieche ich schönen, fruchtig würzigen Tomatenketchup", wie man das gelegentlich auf Weinseiten im Internet lesen kann, und natürlich sind antiquierte Begriffe wie „artig" oder „Herrenart" ebenso gründlich aus der Mode gekommen wie allzu sexistische Vergleiche aus jener Zeit. Aber im Wesentlichen wird und wurde Wein, heute wie damals, als lebendig, süffig, elegant, gefällig, rund, stoffig, mächtig, extraktreich, stahlig, rassig, duftig, blumig, trocken oder herb beschrieben. Die einzig wirkliche Änderung stellen eine Handvoll ausgesprochen „technischer" Begriffe dar, wie „Brettanomyces" oder „holzbetont", die dem Fortschritt der Wissenschaft oder dem Wandel des Weinstils geschuldet sind.

Sorte oder (und) Herkunft

In der Regel zeichnen sich die beiden bedeutenden europäischen Weinordnungsprinzipien durch ihre Gegensätzlichkeit aus: Beim romanischen bildet die Herkunft die Basis der Namensgebung, beim germanischen die Rebsorte. Allerdings gibt es auch zahlreiche Rebsorten, deren Namen selbst Rückschlüsse auf ihre Herkunft zulassen, so die Malvasia- oder Malvasier-Gruppe, die zu den ältesten Rebsortenfamilien der Welt zählt. Ihr Name leitet sich von der Inselstadt Monemvassia, später Malfasia, vor der Küste des Peloponnes ab. Auch der Aglianico, die rote Spitzenrebsorte der italienischen Regionen Kampanien und Basilikata, trägt seine griechische (ital. „ellenico") Herkunft im Namen, und bei der deutschen Weißweinzüchtung Arnsburger stand eine ehemalige Zisterzienserabtei bei Lich in Hessen Pate.

Eine der besten Rotweinsorten des heutigen Griechenland, Agiorgitiko, bezieht ihren Namen vom

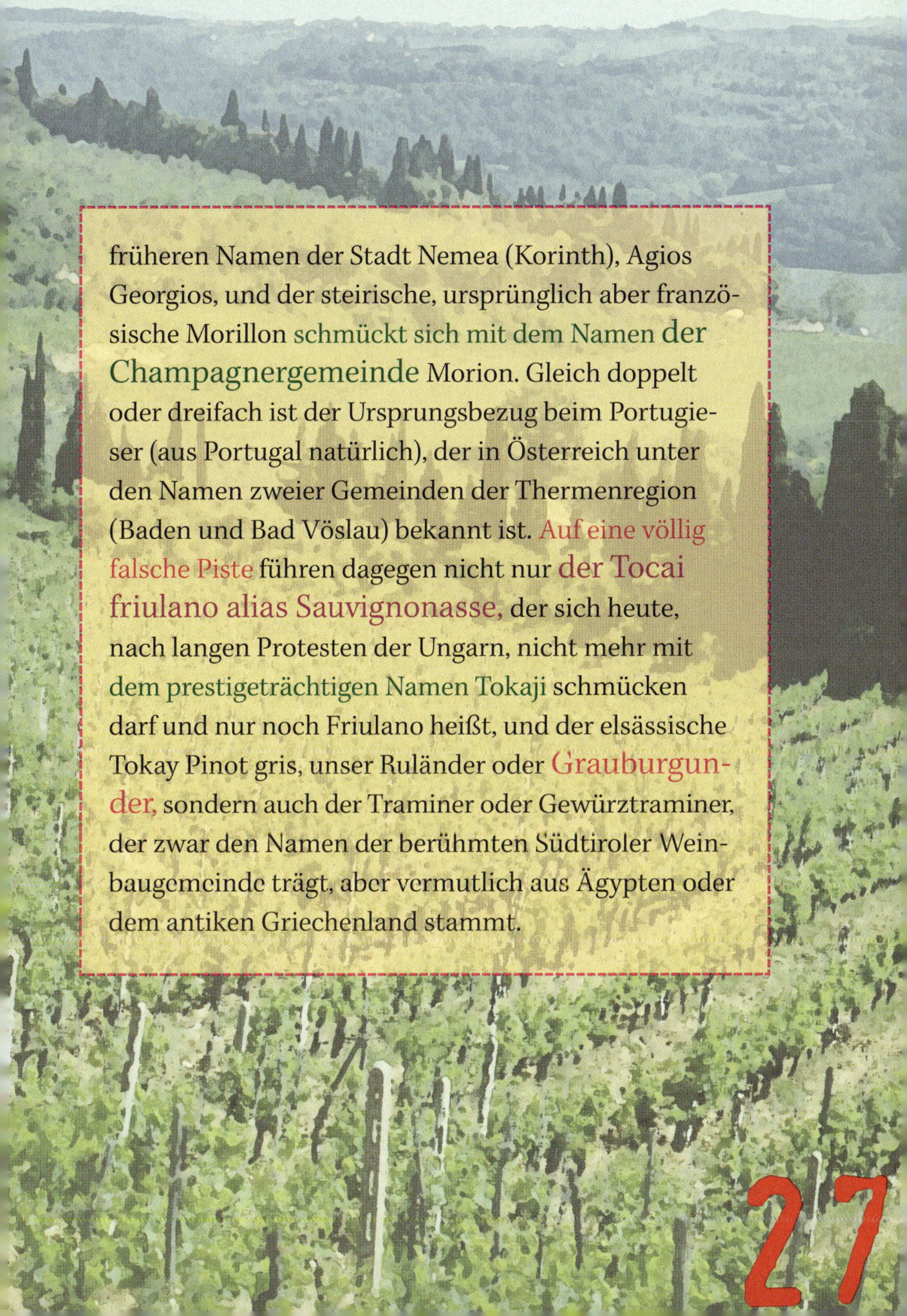

früheren Namen der Stadt Nemea (Korinth), Agios Georgios, und der steirische, ursprünglich aber französische Morillon schmückt sich mit dem Namen der Champagnergemeinde Morion. Gleich doppelt oder dreifach ist der Ursprungsbezug beim Portugieser (aus Portugal natürlich), der in Österreich unter den Namen zweier Gemeinden der Thermenregion (Baden und Bad Vöslau) bekannt ist. Auf eine völlig falsche Piste führen dagegen nicht nur der Tocai friulano alias Sauvignonasse, der sich heute, nach langen Protesten der Ungarn, nicht mehr mit dem prestigeträchtigen Namen Tokaji schmücken darf und nur noch Friulano heißt, und der elsässische Tokay Pinot gris, unser Ruländer oder Grauburgunder, sondern auch der Traminer oder Gewürztraminer, der zwar den Namen der berühmten Südtiroler Weinbaugemeinde trägt, aber vermutlich aus Ägypten oder dem antiken Griechenland stammt.

Honignoten
honigartige Aromen, insbesondere von süßen und edelsüßen Weinen.

Impériale
[ɛ̃per'jal, zu franz. „impérial“, kaiserlich], v. a. im französichen Bordeauxgebiet gebräuchlicher Name für eine 6 l fassende Großflasche.

integrierter Rebschutz, integrierter Weinbau
Kombination biologischer, biotechnischer und chemischer Pflanzenschutzmethoden im Weinbau mit dem Ziel, den Einsatz chemischer Spritzmittel auf ein Minimum zu reduzieren.

Jahrgang
das Erntejahr der Trauben, aus denen ein Wein gekeltert wurde; in Ausnahmefällen (im Januar gelesene Eisweine) das Reifejahr der Trauben.

Jahrgangston
Aroma, das für Weine eines bestimmten Jahrgangs typisch ist.

Jeroboam
[franz.], (Wein-)Flasche mit einem Fassungsvermögen von 3 l (Champagner) oder 4,5–6 l (gelegentlich außerhalb der Champagne); der Name geht zurück auf Jerobeam I. (926–907 v. Chr.), einen der beiden israelitischen Könige, die auf Salomo folgten.

Jungfernwein
Wein des ersten Ertragsjahrgangs einer (Weinbergs-) →Junganlage.

Kabinett
Prädikatsstufe für deutschen und österreichischen Wein mit geschützter Ursprungsbezeichnung mit einem Mindestmostgewicht, je nach Anbaugebiet, von 67 bis 85 °Oe in Deutschland und 17 °KMW in Österreich; der Name Kabinett geht zurück auf den Cabinett-Keller des Rheingauer Klosters Eberbach, in dem besonders wertvolle Weine aufbewahrt wurden.

kahmig
fehlerhaft, oxidiert, mit einem durch wilde (Kahm-)Hefen hervorgerufenen Luftton im Aroma.

karaffieren
→dekantieren.

käsig
nach Käse riechend; Geruch von Weinen mit starkem →Milchsäurestich.

Kellnerbesteck, Kellnermesser
aufklappbarer →Korkenzieher mit einer Spirale, einem Hebel und in der Regel einem kleinen Kapselmesser.

kernig
(geschmacklich) fest und mit Biss.

klar
ohne (fehlerhafte) Trübungen.

Klassifikation
hierarchisches Ordnungssystem von Herkunftsbezeichnungen, Weinbergslagen oder Weingütern, wie es vor allem Frankreich (Burgund, Bordeaux) kennt.

klassifizierte Lage
im Rahmen einer (offiziellen) Klassifizierung als hochwertig anerkannte Weinbergslage.

klassifiziertes Gewächs
im Rahmen einer (offiziellen) Klassifizierung als hochwertig anerkannter Wein.

klassisch
nicht im Barriquefass, sondern im Stahltank oder großen Holzfass vergoren und ausgebaut.

klebrig
mit Tanninen, die den Eindruck erwecken, am Gaumen zu kleben; Süßweine sind klebrig, wenn sie zu viel Restsüße und keine ausreichende Säure- bzw. Tanninstruktur aufweisen.

klein
(geschmacklich) von ungenügender Qualität, ohne Kraft und Ausdruck.

KMW
Abk. für →Grad KMW.

Kochgeschmack, Kochton
→gekochtes Aroma.

komplett
geschmacklich vielschichtig und harmonisch sowie Typizität zeigend.

komplex
→vielschichtig.

konzentriert
geschmacksintensiv, von einem hohen Gehalt an geschmacksbildenden Inhaltsstoffen geprägt.

Korkfehler, Korkschmecker, Korkgeschmack
durch fehlerhafte (Natur-) Korken ausgelöster Weinfehler, der sich in muffig-modrigem Geruch und bitterem, scharfem Geschmack äußert; man sagt auch, der Wein sei korkig.

Korkspiegel
zum Flascheninnneren zeigende flache Seite des Korkens.

Körper
geschmacklich prägender, hoher Alkohol-, Süße- und Extraktgehalt von Weinen.

kosten
→verkosten.

Kostglas
spezielles, in der Regel relativ kleinvolumiges und tulpenförmiges Glas, das auch bei geringen Weinmengen eine gute Beurteilung der Aromen erlaubt.

kratzig
(geschmacklich) unharmonisch, rau und aggressiv; häufig bei Weinen mit zu hohem Gehalt an flüchtiger Säure auftretend.

krautig
deutlich nach gekochtem Gemüse (Kohl) riechend oder schmeckend; in der Regel die Folge eines fehlerhaften →biologischen Säureabbaus.

Kreszenz
[zu lat. „crescere“, wachsen], →Gewächs.

Kristalle
→Weinstein.

Kultwein
im Idealfall besonders hochwertiger, meist in nur kleinen Mengen hergestellter Wein renommierter Erzeuger, für die Weinfreunde hohe Summen zu zahlen bereit sind.

kurz
nicht sehr lang, in der Regel im →Abgang nur ein oder zwei Sekunden anhaltend.

Lacknote
strenger Geruch nach Farbe oder Lack.

Lage
abgegrenzte Weinbergsfläche oder Zusammenfassung mehrerer, benachbarter Flächen innerhalb eines Anbaugebiets oder einer Gemeinde, die Weine gleichartigen Charakters hervorbringen können.

Lagerbukett
[zu franz. „bouquet“ Strauß], die Gesamtheit der Aromen von lange gereiften Weinen, insbesondere die →sekundären, soweit noch vorhanden, und die →tertiären.

Lagerfähigkeit
→Alterungsfähigkeit.

laktisch
nach Milch, Butter, Joghurt oder Käse riechend; ein in der Regel durch fehlerhaften Säureabbau verursachter Weinfehler.

Landwein
bis 2009 gültige europäische Kategorie von Herkunftsbezeichnungen zwischen Tafel- und Qualitätswein, seitdem Wein mit geschützter geografischer Angabe.

lebendig
(geschmacklich) frisch und anregend, von harmonischer Säure und angenehmen Tanninen geprägt.

lebhaft
1) (geschmacklich) →lebendig, 2) leicht perlend.

leer
geschmacksarm, ohne Kraft und Körper.

Der Ursprung so manches Rebsortennamens kann aus heutiger Perspektive nur schwer nachvollzogen werden. So beispielsweise der des Muskatellers, dessen eher süßliche, florale Aromen kaum an den Moschusduft (lat. „muscatus“) erinnern, von dem sich der Name offenbar herleitet. Und warum die Farbe des Blutes von Jupiter (ital. „sangue di Giove“) den Italienern ausgerechnet bei der Namensgebung für ihren Sangiovese einfiel, ist vor allem deshalb nicht recht verständlich, weil diese Rebsorte traditionell immer Weine von eher heller Farbe ergab – das hat sich erst in der Moderne teilweise geändert. Jupiter also ein Schwächling, einer mit dünnem Blut?

Sprich

REGEN LÄSST DAS GRAS WACHSEN, WEIN DAS GESPRÄCH.

Schwedisches Sprichwort

Wein und Weiber
sind auf Erden aller
Weisen Hochgenuss,
denn sie lassen selig
werden, ohne dass man
sterben muss.

Wirtshausinschrift

wörter

leicht
1) niedrig im Alkoholgehalt, 2) fälschlich für geschmacksarm.

lieblich
mit deutlicher Süße; die Bezeichnung gilt nach dem deutschen Weingesetz für Weine mit 12–45 g/l Restsüße.

Likörwein
trockener oder süßer Wein, der durch Zusatz von Alkohol erzeugt wird und einen besonders hohen Alkoholgehalt aufweist (z. B. Sherry, Portwein, Madeira).

lind
von fehlerhafter, sehr hoher Viskosität, dickflüssig, evtl. sogar zäh und schleimig.

Lösungsmittelgeruch, Lösungsmittelnote, Lösungsmittelton
in der Regel durch wilde Hefen oder Bakterienbefall hervorgerufener Geruch nach Aceton oder Äthylazetat, der an Nagellack oder Klebstoff erinnert.

Luftton
brotartiges, oft unangenehmes Aroma; ein Weinfehler, der durch Oxidation von Alkohol in nicht randvollen Gebinden entstehen kann.

maderisiert
überaltert, im Geruch oxidiert oder gekocht; in Farbe, Geruch und Geschmack einem Madeira ähnelnd.

mager
(geschmacklich) →dünn, oft auch säurebetont.

massiv
(geschmacklich) übertrieben schwer und kräftig.

matt
ohne Frische, in der Regel überaltert oder fehlerhaft.

mäuseln
wie Mäuseharn riechen und (geschmacklich) kratzig, unangenehm; Auswirkung eines Weinfehlers, der durch Milchsäurebakterien oder Brettanomyceshefen verursacht werden kann.

medium dry
[ˈmiːdɪəm draɪ, engl.], 1) mit 33–50 g/l Restzucker; Geschmacksbezeichnung der EU-Weinordnung für Schaumwein, 2) mit 5–45 g/l Restzucker, Geschmacksbezeichnung für Sherry.

medizinisch, medizinalisch
nach Jod, Äther oder anderen chemischen Substanzen riechend; die Bezeichnung kann sowohl positive als auch negative Bedeutung haben, je nachdem, ob die medizinischen Aromen mit den anderen harmonieren oder im unangenehmen Kontrast zu ihnen stehen.

metallisch
unangenehm bitter und hart auf der Zunge; der Eindruck ist meist einem erhöhten Gehalt an gelöstem Eisen, Kupfer, Zink oder Aluminium geschuldet.

Methusalem, Mathusalem
[nach dem Großvater Noahs im Alten Testament] die →Impériale außerhalb des Bordeauxgebiets.

milchig
trüb.

Milchsäurestich
Geruch nach Milch, Butter oder Joghurt; ein Weinfehler, der infolge einer Infektion des Wein bei unkontrolliertem →biologischem Säureabbau entstehen kann.

mild
1) mit geringem, geschmacklich nur schwach wahrnehmbarem Säuregehalt, 2) süß.

mineralisch
in Duft und Geschmack Assoziationen an Mineralien weckend; der Begriff wird meist für gehaltvolle Weine ohne markanten Fruchtcharakter oder ausgeprägte sekundäre oder tertiäre Aromen verwendet. Man spricht auch von der Mineralität im Wein und assoziiert damit auch geschmackliche Eleganz und Feingliedrigkeit.

Mousseux
[mu'sø, (das) Schaumige], 1) Schaumwein, 2) Schaumkrone, die sich beim Eingießen von Schaumweinen bildet.

moussieren
[mu-, zu franz. „mousser“], schäumen, perlen.

müde
ohne Frische, in Duft und Geschmack flach, ohne Ausdruck.

Muff, Muffton
modriger Geruch, ein Weinfehler, der von faulem Traubengut, von unsauberen Holzfässern oder fehlerhaften Korken verursacht wird.

Nachgeschmack
in der Regel unangenehmes Aroma, das nach dem Schlucken des Weins nachklingt; im Unterschied zum angenehmen Abgang.

Nachhall
→Abgang.

Nase
Duft, Geruch (von Weinen).

naturherb
→brut nature.

Nebukadnezar
[nach Nebukadnezar II., babylonischer Herrscher (605–562 v. Chr.)], v. a. in der Champagne verwendete, 15–16 l fassende Weinflasche.

Nasentypen

Nein, es geht bei Weinverkostungen nicht um „griechische“ oder andere Nasenprofile, sondern um Gruppen von einander ähnlichen Aromen oder besser Duftassoziationen, denn oft werden im Wein wahrgenommene Aromen ja gar nicht von denselben Substanzen ausgelöst wie im „Original“, der Frucht, Blume etc., an das sie erinnern. Man unterscheidet vor allem zwischen fruchtigen (Steinobst, Kernobst, Beeren, Zitrusfrüchte, exotische Früchte, getrocknete Früchte), floralen, pflanzlichen, herbalen, würzigen, balsamischen, empyreumatischen (an Verbranntes erinnernd), animalischen, nussigen, karamellisierten, honigartigen, holzigen, erdigen, pilzigen, hefiggärigen, mineralischen und chemisch-medizinischen Noten. Für die Weinbeschreibung ist es oft ausreichend, die Aromagruppe zu benennen, und nur bei sehr guten, vielschichtigen Weinen wird man in der Lage sein, eine Reihe unterschiedlicher Einzelaromen aus einer oder mehreren dieser Gruppen auszumachen.

Nerv

Lebendigkeit und Biss im Geschmack; Eigenschaft von Weinen mit guter Säurestruktur.

neutral

ohne besondere, klar erkennbare Aromen, d. h. auch ohne markanten Sorten- oder Terroircharakter.

nussig

mit Aromen von Hasel- oder Walnüssen.

oberflächlich

ohne aromatische Tiefe.

Oe

Abk. für →Grad Oechsle.

offen

→entfaltet.

olfaktorisch

[zu lat. „olfacere", riechen], den Geruchssinn betreffend.

ölig

von sehr hoher Viskosität, fast zähflüssig (Süßwein).

ordinär

unangenehm und aufdringlich, dabei ohne Finesse und Vielschichtigkeit in Duft und Geschmack.

organoleptisch

[zu griech. „órganon", Organ, eigtl. Werkzeug und „leptikós", zum Nehmen gehörend], die Sinne betreffend; die organoleptische Prüfung von Weinen ist die Sinnenprüfung, d. h. die Analyse von Farbe, Duft und Geschmack.

Papiergeschmack

Geschmacksfehler, der durch neue Zellulosefilter verursacht wird, die vor Gebrauch nicht ausreichend behandelt wurden.

pappig

ohne Biss, Struktur und aromatischen Ausdruck, mit zu geringem Säure- oder Tanningehalt.

parfümiert

stark duftend, mit übertriebenen, aufdringlichen Aromen.

pas dosé

[pa do'se, franz.], mit weniger als 3 g/l Restzucker; Geschmacksbezeichnung für Schaumwein.

Passito

eigtl. vino appassito [(ap)pas'sito, ital., zu „appassire", verwelken, trocknen], Wein, der aus angetrockneten Trauben gekeltert wird und dadurch besonders alkohol- und extraktreich oder sogar süß ausfallen kann.

Perlage

[pɛr'la:ʒ, zu franz. „perler", perlen], Kohlendioxidbläschen, die aus Schaumweinen aufsteigen.

Persistenz

[zu lat. „persistere", fortdauern], Länge des →Abgangs.

Petrolgeruch, Petrolton
Aroma von gereiften Weißweinen, das an den Geruch von Kohlenwasserstoffen erinnert.

pfeffrig
nach Pfeffer riechend oder schmeckend.

Phenolton
[zu griech. „phaínein", scheinen, leuchten], strenger, leicht stechender Geruch, in Kombination mit bitterem Geschmack; ein Weinfehler, der bei nicht ausreichend schonender Behandlung von Trauben und Mosten während der Weinbereitung entstehen kann.

plump
ohne Finesse und Frische in den Aromen, breit und schwer im Geschmack.

Polyphenole
[zu griech. „polýs", viel, und „phaínein", scheinen, leuchten], in Stielen und Beerenhäuten von Weintrauben vorkommende Sauerstoff-Wasserstoff-Gruppen, die an ringförmige Moleküle, z. B. Zucker, gebunden sind; zu den Polyphenolen gehören Farbstoffe wie die Anthozyane und Flavonoide, vor allem aber die → Tannine.

Prädikatswein
nach dem deutschen und österreichischen Weingesetz ein Wein mit geschützter Ursprungsbezeichnung, der besonderen Anforderungen, insbesondere an das Mostgewicht und die Machart genügt; die einzelnen Prädikate (Prädikatsstufen) sind Kabinett (nur in Deutschland), Spätlese, Auslese, Beerenauslese, Trockenbeerenauslese, Eiswein, Strohwein (nur in Österreich) und Ausbruch (nur in Österreich).

Premier Cru
[prəˈmje kry], zweithöchste Klassifizierungsstufe für Wein mit geschützter Ursprungsbezeichnung im französischen Burgund.

Premier Grand Cru Classé
Kurzform Premier Cru Classé [prəˈmje (gra) kry klaˈse], höchste Klassifizierungsstufe für Wein mit geschützter Ursprungsbezeichnung in Teilen des französischen Bordeauxgebiets.

Primäraromen, primäre Aromen
[zu lat. „primarius", einer der Ersten], sämtliche Aromen, die bereits in der Weintraube vorhanden und im fertigen Wein wiederzufinden sind; dazu gehören beispielsweise Fruchtnoten und bestimmte ätherische Öle, die für den markanten Sortencharakter bestimmter Rebsortenweine verantwortlich sind.

Langsame Steigerung

Die Geschmacksbeschreibungen, derer sich Weinprofis bedienen, erlauben es, die Eigenschaften von Weinen sehr fein abgestuft zu charakterisieren. So wird beispielsweise die Struktur des Weins von weich über geschmeidig, rund, samtig, fest und tanninbetont bis hin zu herb und hart gesteigert, der Körper oder die Kraft von leer, dünn und mager über leicht, warm, voll, dicht und konzentriert bis hin zu schwer, wuchtig, dick oder fett. Bei der Beurteilung der Süße werden zum großen Teil die offiziellen Geschmacksbeschreibungen von staubtrocken, trocken, halbtrocken, lieblich bis hin zu süß und sirupartig verwendet, und bei der Frische und dem Säurespiel reicht die Palette von fade, flach, zart, frisch, lebhaft und nervös bis hin zu säurebetont, grün und spitz.

Primeur
[pri'mœr, franz., zu lat. „primarius“, einer der Ersten], 1) Wein, der noch vor der Abfüllung (en primeur [ã pri'mœr]) gehandelt wird, z. B. im Rahmen der Primeurkampagne im französischen Bordeauxgebiet, 2) →Vin Nouveau.

Prüfnummer
amtliche Kennzeichnung für deutsche und österreichische Weine mit geschützter Ursprungsbezeichnung, mithilfe derer die erfolgte und bestandene Weinkontrolle dokumentiert wird; in anderen Ländern existieren analoge Systeme.

Qualitätsschaumwein
Schaumwein, der mithilfe einer zweiten Gärung (im Tank oder in der Flasche), d. h. nicht durch Imprägnieren hergestellt wurde.

Qualitätswein
bis 2009 gültige Bezeichnung für Wein mit geschützter Ursprungsbezeichnung.

rahn
aufgrund unerwünschter Oxidation braun gefärbt und stark nach Brot riechend.

rancio
[rranθĭo, span., ranzig], deutlich oxidativ (in Duft und Geschmack).

ranzig
fehlerhaft oxidativ im Duft; die vom spanischen „rancio“ abgeleitete Bezeichnung hat eine negative Bedeutung.

rassig
geschmacklich von markanter, aber reifer Säure und hohem Extrakt geprägt, ausdrucks- und charaktervoll.

rau
pelzig oder hart am Gaumen, von jungen, noch nicht gereiften Tanninen geprägt.

Rauchgeschmack
an Rauch, Geräuchertes oder Verbranntes erinnerndes Aroma, das meist durch den Ausbau von Weinen in neuen Barriques entsteht, aber auch andere Ursachen haben kann.

Rauscher
→Federweißer.

reduktiv
[zu lat. „reductio“, Zurückführung], 1) ohne dem Luftsauerstoff ausgesetzt zu sein vinifiziert, 2) leicht hefig oder nach faulen Eiern riechend; in der Regel die Folge falscher reduktiver Gärführung oder einer Nachgärung des Weins in der Flasche.

Rehoboam
nach Rehabeam, dem Sohn Salomos und König (926–910 v. Chr.) über Juda und Jerusalem,

benannte Weinflasche mit einem Fassungsvermögen von in der Regel 4,5 l.

reich
von geschmacklicher Dichte und Intensität, mit hohem Extrakt- und Alkoholgehalt.

Reife
eigtl. Flaschenreife, die Summe der aromatischen und geschmacklichen Veränderungen (Verbesserungen) während der Flaschenlagerung von alterungsfähigen Weinen; sie erreichen ihren Höhepunkt zum Zeitpunkt der →Trinkreife.

Reifearomen
Aromen von länger gelagerten, (gut) gealterten Weinen; zu ihnen zählen v. a. →Tertiär-, teilweise auch →Sekundäraromen, während die →Primäraromen weitgehend verschwunden sind.

reinsortig
aus einer einzigen Rebsorte gekeltert.

reintönig
mit klar erkennbaren Aromen der Rebsorte oder des Weintyps.

resch
sehr säurebetont, hart.

Reserva
[port., span., Reserve], 1) zweithöchste Qualitätsstufe für spanische Weine mit geschützter Ursprungsbezeichnung, 2) Zusatz für portugiesische Weine mit geschützter Ursprungsbezeichnung.

Réserve
[reˈsɛrv], Zusatzbezeichnung für französische Weine, die in der Regel von besserer Qualität oder länger im Fass gereift sind.

Restsüße, Restzucker
der im Wein verbliebene, nicht vergorene Zucker.

rezent
[zu lat. „recens", jung], von frischer, markanter Säure geprägt, aber nicht →resch.

Ripasso
[riˈpasso, ital., zu „ripassare", wiederholen, noch einmal darüber geben], Methode der Rotweinbereitung des italienischen Valpolicella-Gebiets, bei der vollständig vergorener Wein im Frühjahr auf die abgepressten Trester von fertig vergorenem Strohwein (Amarone) gegeben wird und erneut zu gären anfängt.

Riserva
[rɪˈserva, ital. Reserve], Zusatzbezeichnung für italienische Weine mit geschützter Ursprungsbezeichnung, die in der Regel einen höheren Alkoholgehalt aufweisen und/oder länger ausgebaut wurden.

Sprachbilder

jemandem reinen Wein einschenken

jemandem Wasser in den Wein gießen

heimlich Wein trinken, öffentlich Wasser predigen

JUNGER WEIN IN ALTEN SCHLÄUCHEN

Im Wein liegt Wahrheit
in vino veritas

robust
(geschmacklich) fest und kräftig, aber nicht notwendigerweise elegant und fein.

Röstaromen
an Rauch, Geräuchertes oder Verbranntes erinnerndes Aroma, das durch den Ausbau von Weinen in neuen Barriques entsteht, deren Fassdauben über offenem Feuer erhitzt wurden, um die gewünschte Form anzunehmen.

Rotling
Roséwein, der durch gemeinsames Keltern von Weiß- und Rotweinsorten erzeugt wird.

rund
geschmacklich ausgeglichen und vollmundig, nicht oder nicht mehr (bei gereiften Weinen) durch Säure oder Tannine dominiert.

Ruster Ausbruch
→Ausbruch.

rustikal
geschmacklich ohne Eleganz und Finesse, oft kräftig, aber rau.

saftig
den Speichelfluss anregend, lebendig, auch fruchtbetont.

samtig
von weicher, angenehmer Textur, bei gleichzeitig wahrnehmbarer Tanninstruktur.

säurebetont
mit deutlich wahrnehmbarer, markanter Säure.

Säurespiel
markanter, aber auch angenehmer, frischer Säureeindruck im Geschmack.

Sauser
[südd.], →Federweißer.

Schampus
umgangssprachlich für Champagner, häufig auch für Perl- oder Schaumwein jeglicher Art.

scharf
mit leicht brennendem oder beißendem Geschmack, der von nicht miteinander harmonierenden Säuren und Tanninen bei hohem Alkoholgehalt verursacht wird.

Schaumwein
1) nach dem Weingesetz ein Wein, in dem unter Druck (mindestens 3,0 bar) Kohlensäure gebunden ist, die im Verlauf einer zweiten Gärung entstanden ist, 2) umgangssprachlich Wein, der beim Ausschenken schäumt oder perlt, unabhängig davon, ob es sich nach dem Weingesetz um Schaum- oder Perlwein handelt.

Schilcher
Roséwein der österreichischen Region Steiermark aus der Rebsorte Blauer Wildbacher.

Schilfwein

→Strohwein aus Trauben, die auf Schilfmatten getrocknet wurden; eine Spezialität des österreichischen Burgenlands.

Schiller, Schillerwein

Rotling-Qualitätswein aus Württemberg; der Namen bezieht sich auf die schillernde Farbe.

schlank

(geschmacklich) ohne großen Körper, aber dennoch mit Struktur und Eleganz.

Schleier

Trübung.

schleimig

→lind.

schmalzig, schmelzig

rund und saftig, geschmackliche Eigenschaft von Weinen mit hohem Alkohol- und Glyzeringehalt sowie harmonisch integrierten Tanninen und Säuren.

schmutzig

geruchlich von muffigen, chemischen oder unangenehm medizinischen Noten gestört.

Schwanz

→Abgang.

Schwefelböckser

[zu Bock], oft durch falschen Einsatz von Schwefel während der Vinifizierung verursachter →Böckser.

schweißig

nach Pferdeschweiß riechend, ein Weinfehler, der durch Hefen der Gattung →Brettanomyces verursacht wird.

schwer

alkoholreich, fälschlich auch übertrieben kräftig und geschmacksintensiv.

seidig

→samtig.

Sekt

deutscher oder österreichischer →Qualitätsschaumwein; die Bezeichnung geht entweder auf das im 19. Jahrhundert in England gebräuchliche „sack" (deutsch: weißer Likörwein) oder auf das französische „vin sec" (deutsch: trockener Wein) zurück.

Sekundäraromen, sekundäre Aromen

[zu lat. „secundarius", zweitrangig], während der Vinifizierung und des Ausbaus entstehende Aromen wie etwas →Gärbukett, →Hefetöne und →Röstaromen.

Sélection de grains nobles

[selekˈsjɔ̃ də qrɛ̃ nɔbl, franz., Auslese edler Beeren), Abk. S. G. N., edelsüßer Wein der französischen Region Elsass.

selo de garantia, selo de origem

[ˈselu də garɐ̃nˈtiɑ, ˈselu də uˈriʒei̯, port., Garantiesiegel],

Wein ist in den letzten 20 Jahren in vielen Ländern zu einem echten Lifestyle-Getränk geworden, sehr zur Freude aller Erzeuger und Weinfreunde. Lifestyle-Themen haben es aber an sich, dass es auch zum guten Ton gehört, über sie zu sprechen, über sie Bescheid zu wissen, eine Meinung zu haben. Dass das dabei gern vorgezeigte Wissen oft, vielleicht sogar meist nur Halbwissen ist, liegt auf der Hand. Hätten Sie vielleicht gewusst, dass man Rotwein entgegen der landläufigen Meinung eben nicht bei Zimmertemperatur, sondern maximal bei 16 °C servieren soll, dass Schaumwein, der, wie oft empfohlen, bei Temperaturen knapp über dem Gefrierpunkt eingeschenkt wird, nach nichts mehr schmeckt, vom Duft ganz zu schweigen?
Besonders wissend ist in der Regel die Miene derjenigen, die den eingeschenkten Wein kosten, um dann mit großer Kennerschaft von sich zu geben: „Der Wein schmeckt stark nach Eichenholz, er war zu lange im Barrique." Tatsache ist, dass der Holzgeschmack

nur in den ersten Monaten des Barriqueausbaus zu-, danach aber wieder abnimmt. Bestimmt hat man Ihnen auch schon einmal erzählt, dass in der Folge der Klimakatastrophe Jahrgangsunterschiede heute praktisch keine Rolle mehr spielen. Nun, dann lassen Sie sich doch einfach einmal einen Roten mit nicht ausgereiften Tanninen – diese können die Folge eines zu heißen und trockenen Sommers sein – einschenken! Sie werden ihr Urteil schnell revidieren. Dass man zum Käse Rotwein trinken solle, hat man Ihnen erzählt? Unsinn, zu den meisten Käsesorten passt Weißwein viel besser! Dass nur Rotwein wirklich gut altern könne? Dann probieren Sie einfach mal einen der herrlichen, bis zu 50 Jahre alten trockenen Rieslinge, die noch in der einen oder anderen Schatzkammer schlummern. Nein, zum Weintrinken braucht man kein Wissen, so viel steht fest. Aber wie schnell man sich mit Halbwissen blamieren kann, sollten Sie besser nicht ausprobieren! Der Kenner schweigt und genießt.

Kontrollsiegel für portugiesischen Wein mit geschützter Ursprungsbezeichnung; es entspricht etwa der österreichischen Banderole oder dem italienischen „bollino".

sensorisch
[zu lat. „sensus", Wahrnehmung, Empfindung], →organoleptisch.

sensorische Prüfung
[zu lat. „sensus", Wahrnehmung, Empfindung], (Wein-)Verkostung.

Serviertemperatur
empfohlene (ideale) Temperatur des Weins beim Einschenken; sie liegt in der Regel leicht unterhalb der →Trinktemperatur.

Sinnenprobe
(Wein-)Verkostung.

skelettartig, sklerotisch
ohne Schmelz, Frucht und Saft, tannin- oder säurebetont und gleichzeitig dünn.

Smaragd
Qualitätsstufe für trockene Weißweine des österreichischen Weinbaugebiets Wachau aus Trauben mit mindestens 18,2 °KMW und 12,5 Vol.-% tatsächlichem Alkohol; der Name bezieht sich auf die Smaragdeidechse, die in Wachauer Weinbergsterrassen zu finden ist.

Sommelier
[sɔmə'lje, zu altprovenzal. „saumalier", Saumtierführer, vom spätlat. „sauma, sagma", Last, und altfranz. „sommier", zu „somme", Last], Weinkellner, Mundschenk.

Sommelierheber
[sɔmə'lje-], Kellnerbesteck.

Sortencharakter
Aromen und Geschmack von Weinen, die dem Idealtyp der verarbeiteten Rebsorte(n) entsprechen.

sortenrein
→reinsortig.

Sortenwein
ganz oder überwiegend aus einer einzigen Rebsorte gekelterter Wein.

Spätlese
Prädikatsstufe für deutschen und österreichischen Wein mit geschützter Ursprungsbezeichnung aus nach der Hauptlese geernteten, vollreifen Trauben mit einem Mindestmostgewicht, je nach Anbaugebiet, von 76 bis 95 °Oe in Deutschland und 19 °KMW in Österreich.

spitz
übertrieben säurebetont und geschmacklich unharmonisch und aggressiv bei gleichzeitiger Alkohol- und Extraktarmut.

Saumtierführer mit Weinladung

Das Wort Sommelier – eigentlich der Weinkellner, aber in vielen Spitzenrestaurants heutzutage eher so etwas wie der Alleinunterhalter bei Tisch – stammt ursprünglich aus dem Altprovenzalischen. Der „saumalier“ war der Saumtierführer, wobei diese Saumtiere keine besondere Rasse waren, sondern alle Tiere, die sich zum Transport über schmale Gebirgspfade eigneten wie Esel oder Maultiere. Dass die Last (lat. „sauma“ oder „sagma“, spätfranz. dann „somme“), die diese Saumtiere trugen, dabei hauptsächlich aus Wein bestanden hätte, darf bezweifelt werden. Wahrscheinlich entstand diese Verbindung erst, als die für den Nachschub verantwortlichen Offiziere am französischen Hof als „sommeliers“ bezeichnet wurden. Und für den (Wein-)Nachschub bei Tisch sind Sommeliers ja nun wirklich zuständig.

spritzig
durch leichten Kohlendioxidgehalt lebendig und leicht prickelnd am Gaumen.

stahlig
(geschmacklich) fest strukturiert, fast hart, von hoher Säure geprägt bei gleichzeitig großer geschmacklicher Dichte.

staubig, staubtrocken
extrem, fast unangenehm trocken.

stechend
geruchlich aggressiv, die Nasenschleimhäute reizend.

Steinfeder
Qualitätsstufe für trockene Weißweine des österreichischen Weinbaugebiets Wachau aus Trauben mit 15–17 °KMW und maximal 10,7 Vol.-% Alkohol; der Name bezieht sich auf eine Grasart, die auf den Felsterrassen der Wachau zu finden ist.

Stich
stechender Geruch (→Essigstich, →Milchsäurestich).

stielig
nach grünem Holz riechend oder schmeckend.

Stillwein
nicht perlender Wein, kein Perl- oder Schaumwein.

Stoff
Fülle, Kraft.

strahlend
→brillant (Farbe).

Strohwein
Wein aus Trauben, die auf einer Strohunterlage rosiniert wurden; Prädikatsstufe für österreichischen Wein mit geschützter Ursprungsbezeichnung; Mindestmostgewicht von 25 °KMW.

Struktur
Eindruck geschmacklicher Festigkeit, der v. a. vom Säure- oder Tanningehalt der Weine hervorgerufen wird.

stumpf
ohne Lichtreflexe an der Oberfläche; Ausdruck von Weinfehlern oder -krankheiten.

Sturm
[österr.], →Federweißer.

süffig
(geschmacklich) mild und harmonisch, aber auch einfach, ohne Kraft, Tiefe und Struktur.

supérieur
[sypeˈrjœr, höher(wertig)], von höherer Qualität; Zusatz für eine Reihe französischer Herkunftsbezeichnungen von Weinen mit geschützter Ursprungsangabe (Bordeaux supérieur, Mâcon supérieur etc.).

superior
[supəˈrjor, port., höher(wertig)], von höherer Qualität; Zusatz für

Alles, nur kein Riesling

nur kein Riesling

Berühmte Namen werden gern kopiert. Das gilt nicht nur für Kunst, Wirtschaft und Politik, sondern auch für Rebsorten. Ein illustres Beispiel ist der Riesling (genauer Weißer Riesling, auch Rhein- oder Donauriesling). Sein Name muss für eine Reihe von Rebsorten herhalten, zu denen er nicht einmal verwandtschaftliche Bande hat. So etwa für den Welschriesling, italienisch Riesling italico, ungarisch Olaszrizling, slowenisch Laški Rizling, rumänisch Riesling italian, tschechisch Rizling vlašský und bulgarisch Italiansky Rizling genannt.
Das „Welsch-“ in seinem Namen bezieht sich auf das althochdeutsche „wal(a)hisc“, romanisch. Warum er aber den Riesling im Namen hat, weiß man nicht. Vermutlich war da ein wenig Angeberei mit im Spiel. Was übrigens auch für die Australier und Südafrikaner gilt, die die Weißweinsorte Crouchen als Clare Riesling (bzw. Cape oder Paarl Riesling) bezeichnen. In der Schweiz schließlich gab man dem urdeutschen Silvaner den wohlklingenden Namen Johannisberg Riesling, und in dessen Heimat, Franken, nannte man den Rivaner ursprünglich Mainriesling, wobei in diesem Fall der richtige Riesling wenigstens noch eine der beiden Elternsorten war.

Man muss nicht das Vokabular der Weinprofis beherrschen, um Wein genießen zu können. Aber sobald man versucht, seine Geschmackserlebnisse mit anderen zu teilen und sich dabei nicht auf so vage Attribute wie „lecker“ oder „toll“ oder „ganz schlecht“ beschränken will, führt am richtigen Vokablar kein Weg vorbei. Um diese Tatsache kommen auch die vielen Weinfreunde nicht umhin, die immer wieder Kritik üben an dem, was sie eine Geheimsprache nennen, die verhindere, dass sich mehr Menschen für Wein interessieren. Noch keiner der Kritiker hat allerdings bis heute eine wirklich überzeugende Alternative zu „Struktur“, „Körper“, „Abgang“, „Bukett“ oder „Säurespiel“ vorgelegt. Auch die Weinkommentare der jüngsten Generation von Liebhabern, die man in den verschiedenen Foren und Netzwerken des Internets finden kann, unterscheiden sich nicht vom althergebrachten Vokabular. „... dicht und doch jugendlich frisch, noch deutliche Säure, milde Gerbstoffe, würzig, retronasal ...“ schreibt da ein Twitterer, und einen solchen Kommentar könnte man Wort für Wort auch in 20, 30 oder mehr Jahre alten Weinbüchern finden.

Dabei ist klar, dass auch die quasi objektive „Geheimsprache“ der Profis ihre Unzulänglichkeiten hat. Wer beispielsweise nach einer Definition der „Mineralität“ fragt, bekommt unter Garantie von fünf Fachleuten fünf sehr verschiedene Antworten. Letztlich handelt es sich ja immer um die Beschreibung sehr subjektiver Wahrnehmungen. Sind diese Beschreibungen allerdings von vielen anderen Menschen, die denselben Wein trinken, nachvollziehbar, dann sind sie eben bis zu einem gewissen Punkt objektiviert und nicht mehr nur rein subjektiv.

Sprichwörter

WENN DU NOCH EINEN ONKEL HAST,
UND ER HAT GUTE WEINE,
DANN SORGE, DASS ER DICH NICHT HASST,
SONST SÄUFT ER SIE ALLEINE.

Volksmund

Wer da trinket guten Wein,
dem schaut Gott ins Herz hinein.

Volksmund

eine Reihe portugiesischer Herkunftsbezeichnungen von Weinen mit geschützter Ursprungsangabe.

superiore

[supeˈrjore, höher(wertig)], längere Zeit ausgebaut oder mit höherem Alkoholgehalt; Zusatz für eine Reihe italienischer Herkunftsbezeichnungen von Weinen mit geschützter Ursprungsangabe.

süß

mit mehr als 45 g/l (bei Sekten mehr als 50 g/l) Restsüße.

Tafelwein

Wein der untersten offiziellen Qualitätsstufe, bis 2009 gültige Kategorie des europäischen Weinrechts, heute Wein ohne geografische Angabe.

Teergeruch

→Goudron.

Terroir, Terroircharakter, Terroirgeschmack

[zu franz. „terre", Erde], die von den natürlichen und kulturellen Gegebenheiten seines Herkunftsortsorts oder -gebiets beeinflussten geschmacklichen Eigenschaften eines Weins, die ihn einzigartig, d. h. aufgrund seiner Aromen und anderen Geschmackseigenschaften identifizierbar und unverwechselbar machen.

Tertiäraromen, tertiäre Aromen

[zu lat. „tertius", Dritter], während der Flaschenreife entstehende Aromen wie etwa der Petrolgeruch, die Firne oder auch →Goudron und Ledernoten.

Textur

der taktile Eindruck des Weins am Gaumen, also sozusagen seine „Oberflächenbeschaffenheit" im Kontakt mit Zunge und Gaumen.

Tiefe

Vielschichtigkeit und Nachhaltigkeit von Aromen und Geschmack, Eigenschaft von Weinen, die über einen längeren Zeitraum hinweg immer wieder neue Aroma- und Geschmacksfacetten zeigen.

Toastaromen

[zu engl. „(to) toast", rösten], →Röstaromen.

tot

geruchlich und geschmacklich ohne Leben, leer und flach, überaltert oder oxidiert.

Tränen

Tropfen, die nach dem Schwenken des Glases an der Glaswand abfließen; große, langsam fließende Tropfen sind ein Hinweis auf hohen Alkohol- oder Extraktgehalt.

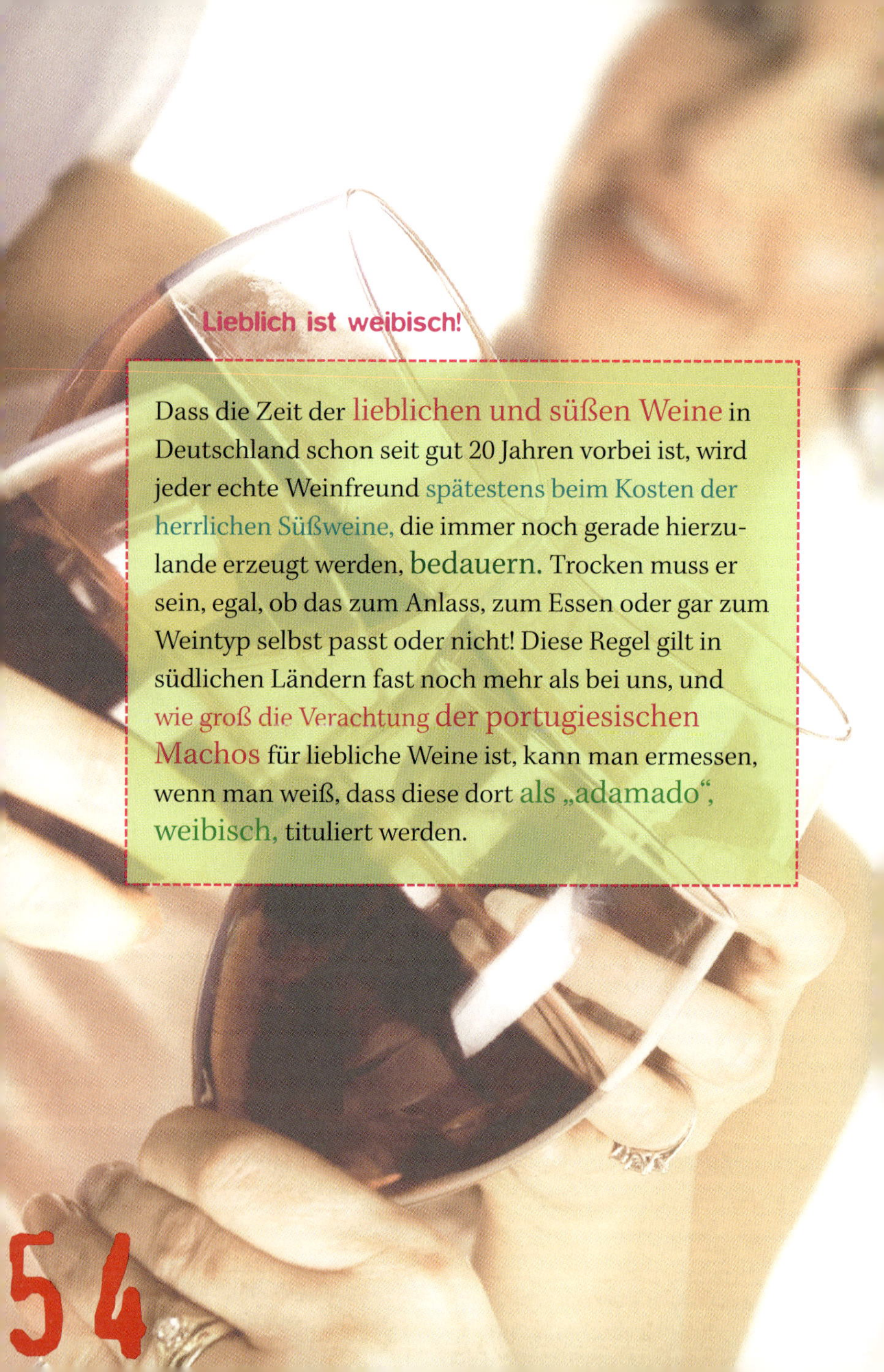

Lieblich ist weibisch!

Dass die Zeit der lieblichen und süßen Weine in Deutschland schon seit gut 20 Jahren vorbei ist, wird jeder echte Weinfreund spätestens beim Kosten der herrlichen Süßweine, die immer noch gerade hierzulande erzeugt werden, bedauern. Trocken muss er sein, egal, ob das zum Anlass, zum Essen oder gar zum Weintyp selbst passt oder nicht! Diese Regel gilt in südlichen Ländern fast noch mehr als bei uns, und wie groß die Verachtung der portugiesischen Machos für liebliche Weine ist, kann man ermessen, wenn man weiß, dass diese dort als „adamado", weibisch, tituliert werden.

tresterig
[vermutl. zu treiben], leicht stechend im Duft, nach Äthylazetat riechend.

Trichloranisol
eigtl. 2, 4, 6 -Trichloranisol, chemische Substanz, die durch einen Schimmelpilz auf der Rinde von Korkeichen produziert wird und Verursacher des →Korkschmeckers ist.

Trinkreife
Zeitpunkt, an dem ein Wein den Höhepunkt seiner aromatischen und geschmacklichen Entwicklung erreicht hat; manchmal erst nach vielen Jahren der Flaschenreife.

Trinktemperatur
Temperatur, bei der ein Wein den höchsten Trinkgenuss bietet; sie liegt in der Regel zwischen 10 °C (Schaumwein) und 18 °C (kräftiger Rotwein).

trocken
1) ohne geschmacklich wahrnehmbare Süße; die Bezeichnung gilt nach dem deutschen Weingesetz für Weine mit höchstens 4 g/l Restsüße; der Restzuckergehalt kann bis auf 9 g/l steigen, wenn er nicht mehr als 2 g/l über dem Säuregehalt liegt. In Österreich gilt eine generelle Obergrenze von 9 g/l Restsüße, 2) geschmacklich →ausgetrocknet wirken.

Trockenbeerenauslese
Prädikatsstufe für deutschen und österreichischen Wein mit geschützter Ursprungsbezeichnung aus edelfaulen, rosinenartig eingetrockneten Trauben mit einem Mindestmostgewicht, je nach Anbaugebiet, von 150 bis 154 °Oe in Deutschland und 30 °KMW in Österreich.

Trockenextrakt
[zu lat. „extrahere", herausziehen], der →Extrakt von Weinen ohne den Zucker.

trüb
→getrübt.

Typizität
Summe der Aroma- und Geschmackseigenschaften.

überaltert
in der geschmacklichen Reifeentwicklung aufgrund zu langer Flaschenlagerung über den Höhepunkt hinweg.

umkippen
ungenießbar werden, verderben.

umziehen
Most oder Wein von einem Fass, Bottich oder Tank in einen anderen umfüllen.

unsauber
gestört oder (leicht) fehlerhaft, mit Aromen, die nicht reintönig, evtl. auch nicht sortentypisch sind.

untypische Alterungsnote, untypischer Alterungston
muffiges, an stark gealterte Weine erinnerndes Aroma junger Weine, das v. a. auf Fehler bei der Weinbergsarbeit zurückzuführen ist.

üppig
sehr alkohol- und extraktreich, mit großem Körper.

Ursprungsbezeichnung
→Herkunftsbezeichnung.

Vanillearoma, Vanillegeschmack
in der Regel durch den Ausbau in Fässern aus neuem Eichenholz erzieltes Aroma.

vegetabil, vegetabilisch
nach Gemüse, Gras oder Blättern duftend oder schmeckend.

Vendanges tardives
[vãˈdaːʒ tarˈdiv, franz., späte Lese], Weinkategorie des französischen Elsass für süße Weine aus spät gelesenen Trauben.

verhalten
aromatisch nicht sehr ausdrucksvoll.

verkosten
Aroma und Geschmack von Wein durch Kontrolle des Aussehens, des Dufts und des Geschmacks prüfen.

Vermählung
das (gekonnte) Kombinieren von Speisen und Wein.

verschlossen
noch ohne klar erkennbaren und entfalteten aromatischen und geschmacklichen Charakter.

Vertikalverkostung
Verkostung mehrerer Jahrgänge eines Weins oder Weintyps.

vielschichtig
mit zahlreichen Duft- und Geschmacksnuancen, die zusammen oder nacheinander erkennbar werden.

Vin Doux Naturel
[vɛ̃ duː natyˈrɛl, franz., natürlicher Süßwein], süßer Likörwein, in der Regel aus Südfrankreich.

vin nouveau
[vɛ̃ nuˈvoː, franz., neuer Wein], in der Regel mithilfe Kohlensäuregärung erzeugter Wein, der wenige Wochen nach der Lese bereits in den Handel kommt.

Vin santo
[vin ˈsanto, ital., heiliger Wein], italienischer Strohwein, der nach dem Keltern lange im Fass reift.

vollmundig
(geschmacklich) körperreich.

weich
ohne markante Säuren oder Tannine.

Weinfehler
durch chemische oder physikalische Veränderungen des Weins

Nicht wirklich natürlich

Natürlicher Süßwein, französisch „vin doux naturel", so nennen die Südfranzosen aus der Region Languedoc-Roussillon einige ihrer tollen, unglaublich alterungsfähigen Süßweine. Wer sich aber von dieser Bezeichnung dazu verleiten lässt, zu glauben, es handele sich tatsächlich um Weine, deren Süße das Resultat eines „natürlichen" Prozesses sei, der irrt. Alle „vins doux naturels" sind nämlich aufgespritet, d. h. mit hochprozentigem Alkohol versetzt, was ihnen nicht nur ihre herrliche Süße beschert – die Hefen können den Traubenzucker bei so hohem Alkoholgehalt nicht mehr vergären –, sondern auch für ihre enorme Langlebigkeit sorgt. Korrekterweise müsste der Wein also „Vin doux artificiel" heißen: künstlicher Süßwein.

hervorgerufene, den Genuss störende Fehlaromen oder unharmonische und aggressive Geschmackseigenschaften.

weinig
angenehm alkoholisch im Duft, ohne ausgeprägte Primär-, Sekundär- oder Tertiäraromen.

Wein mit geschützter geografischer Angabe
seit 2009 (in Deutschland ab 2012) gültige Bezeichnung (früher Landwein) für Weine mit einer amtlich anerkannten Herkunftsangabe, die zu 85 % aus dem genannten Gebiet stammen und im Gebiet selbst erzeugt wurden.

Wein mit geschützter Ursprungsbezeichnung
seit 2009 (in Deutschland ab 2012) gültige Bezeichnung (früher Qualitätswein) für Weine mit einer amtlich anerkannten Herkunftsangabe, die ihre Qualität überwiegend dieser Herkunft (natürliche und kulturelle Faktoren) verdanken, zu 100 % aus dem genannten Gebiet stammen und nach präzisen Durchführungsbestimmungen erzeugt werden.

Weinstein
in Form kleiner, weißlich-durchsichtiger, geschmackloser Kristalle ausgefälltes Salz der Weinsäure.

weißgepresst
aus Rotweintrauben noch vor der Gärung rasch abgepresst, von sehr hellem Rosa.

Weißherbst
deutscher Roséwein, der aus Trauben einer einzigen Rebsorte erzeugt wurde und den Anforderungen an Weine mit geschützter Ursprungsbezeichnung genügt.

Wood-Chips
[wud tʃɪps, engl., Holzsplitter], Holzspäne, die zur aromatischen und geschmacklichen Bereicherung in Stahl-, Beton-, oder Plastiktanks ausgebauten Weinen eine Zeitlang beigegeben werden.

wuchtig
sehr alkoholreich und kräftig.

würzig
nach Gewürzen oder Kräutern wie Vanille, Minze, Pfeffer, Kardamom, Zimt etc. riechend und schmeckend.

zuckerfreier Extrakt
[zu lat. „extrahere“, herausziehen], → Trockenextrakt.

Zweitwein
Wein, der aus den Trauben schlechterer Weinbergslagen oder jüngerer Rebstöcke von Erzeugern produziert wird, die als Hauptprodukt einen → Grand vin erzeugen.

Zitate

Der Wein macht das Gehirn sinnig,
schnell und erfinderisch, voll von
lebenden, feurigen und
ergötzlichen Bildern.

William Shakespeare (1564, † 1616)*

**Was für Redner sind wir nicht,
wenn der Moselwein aus uns spricht!**

Gotthold Ephraim Lessing (1729, † 1781)*

**Und haben wir Wein
von gutem Gewächs,
So trinken wir drei so gut
als ihrer sechs.**

Johann Wolfgang von Goethe (1749, † 1832)*

Und wird einmal der Geist uns trübe,
wir baden uns im alten Wein
und ziehen mit Gesang und Liebe
in unseren Freudenhimmel ein.

Wilhelm Hauff (1802, † 1827)*

Weinbau

abbeeren
die Beeren vor dem Pressen oder Einmaischen von den Stielen trennen.

Anschnitt
Art und Länge des Rückschnitts der Reben (Triebe) im Winter, wodurch die Erntemenge beeinflusst werden kann.

Assimilation
[zu lat. „assimilatio", Ähnlichmachung], Bildung von Zucker und Aromen in den Beeren der Weinrebe.

aufpfropfen
→pfropfen.

ausbrechen
überschüssige oder unfruchtbare Triebe der Weinrebe entfernen.

ausdünnen
einen Teil der Trauben zum Zweck einer Steigerung der Weinqualität abschneiden, in der Regel bei beginnender Verfärbung der Beeren im Sommer.

ausgeizen
die →Geize abschneiden.

Austrieb
die Bildung erster Blätter an den Ruten der Weinrebe.

autochthon
[griech., aus dem Lande selbst, eingeboren], einheimisch, d. h. im Land oder der Region selbst entstanden (Rebsorten); auch Sorten mit fremdem Ursprung werden gelegentlich als autochthon bezeichnet, wenn sie seit Jahrzehnten oder Jahrhunderten vor Ort kultiviert werden.

Begrünung
natürlicher oder angesäter Bewuchs in den Rebzeilen; ein Bestandteil der Bodenpflege, durch den Erosion verhindert, Bodenfruchtbarkeit aufgebaut und die Zeilen besser befahrbar gemacht werden.

Beregnung
Bewässerung mithilfe großer Sprinkleranlagen.

biologisch-dynamischer Weinbau
Sonderform des biologischen Weinbaus nach den Regeln des österreichischen Anthroposophen Rudolf Steiner (* 1861, † 1925), bei der die Stärkung der Naturkräfte von Rebe und Weinberg im Mittelpunkt steht.

biologischer Weinbau
Sonderform des Weinbaus, bei der der Schutz der Natur und des Ökosystems große Bedeu-

tung genießt; sie kommt weitgehend ohne umweltschädliche Chemikalien aus.

Blütenstand
Sprossverband aus zahlreichen Blüten der Weinrebe, dessen Früchte die Traube bilden.

Bogrebe
fruchttragende Rute des Rebstocks, die beim Winterschnitt nicht entfernt wird; der Name bezieht sich auf die Tatsache, dass diese Ruten in der Regel bogenförmig an ein Stützsystem (Spalier etc.) angebunden werden.

Botrytis
[zu griech. „bótrys", Traube], Fäulnisbefall, der durch den Botrytispilz (wiss. Botrytis cinerea) verursacht wird und sowohl für das Verfaulen von nicht ausgereiften (Graufäule) wie auch für die →Edelfäule bei voll ausgereiften Beeren verantwortlich ist.

Buscherziehung
niedriger, bäumchen- oder becherförmiger Schnitt der Reben, bei dem die Ranken nicht an ein Stützsystem angebunden werden.

Cool Climate Viticulture
[kuːl ˈklaɪmət ˈvɪtɪkʌtʃə(r), engl., zu „cool", kühl, „climate", Klima, und „viticulture", Weinbau], Weinbau in den kühleren Klimazonen der Länder der Neuen Welt.

Direktträger
Rebstock, der nicht durch Pfropfen entstanden ist, sondern auf seinen natürlichen Wurzeln wächst.

Drahtrahmen
zwischen Pfählen gespannte Drähte zum Anbinden der Rebtriebe.

Edelfäule
zur Herstellung bestimmter Süßweine notwendiger Fäulnisbefall (Botrytispilz) vollreifer Trauben, der v. a. zur Erhöhung des Zucker- und Extraktgehalts in den Beeren führt.

Edelreis
kurzes Stück eines Triebs der Rebe, der auf schädlingsresistente →Unterlagen aufgepfropft wird.

Einzellage
abgegrenzte, in der Regel zusammenhängende Weinbergsfläche mit relativ einheitlicher Bodenbeschaffenheit, die geschmacklich ähnliche Weine hervorbringen kann.

Einzelpfahlerziehung
Weinbergsanlage, bei der die Triebe jedes Rebstocks an einen allein stehenden Pfahl angebunden werden.

Fliegende Trauben

Von Vögeln und Wildschweinen weiß man, dass sie süße Trauben über alles mögen. Das gelegentliche Resultat dieser Gourmandise: hektarweise umgepflügte oder abgepickte Rebzeilen. Zumindest Vögel haben dabei aber mit ihrer Vorliebe auch positive Spuren hinterlassen – in Form von Rebsortennamen. So hat sich die Amsel, französisch „merle“, in der populären französischen Rotweinsorte Merlot verewigt, und der Grolleau oder Groslot verdankt seinen Namen einem schwarzen Raben, im Altfranzösischen „grolle“ genannt.

entrappen
→abbeeren.

Erziehungsformen
die Art der Gestaltung von Rebstöcken durch den Winzer; sie besteht im Wesentlichen aus der Wahl eines Stützsystems (Spalier, Pergel, Einzelpfahl), eines bestimmten Rebschnitts und einer Technik des Anheftens der Triebe.

Fäule, Fäulnis
durch Pilzbefall verursachte Schädigung von Trauben oder Blättern, aber auch von Rebstamm und Wurzeln; mit Ausnahme der →Edelfäule haben fast alle Formen der Fäule negative Auswirkungen auf Pflanze, Beeren und Weine.

Geize
eigtl. Geiztriebe, Nebentriebe der Weinrebe, die in der Regel keine Früchte tragen und deshalb ausgegeizt, d. h. entfernt werden.

Geschein
Blütenstand der Rebe, das erste Entwicklungsstadium der Traube.

gipfeln
im Rahmen der Laubarbeiten im Weinberg zu lange, z. B. über den Drahtrahmen hinaus gewachsene Rebtriebe abschneiden.

Gobelet
[gɔbˈlɛ, franz., Becher], in Buscherziehung.

Graufäule
Fäulnisbefall (Botrytispilz) unreifer Trauben, der die Beeren oder die Stiele befallen kann und zum Verderben oder Verlust der Früchte führt.

grüne Lese
das →Ausdünnen.

Grünfäule
Fäulnisbefall unreifer oder verletzter Beeren, der durch den Penicillium expansum ausgelöst wird und zu starker geschmacklicher Beeinträchtigung des Weins führt.

Grünschnitt
das →Ausdünnen.

Handlese
ohne Zuhilfenahme von →Vollerntern durchgeführte (Wein-)Lese.

heften
die Sommertriebe der Weinrebe am Drahtrahmen anbinden.

internationale Rebsorten
in der Regel ursprünglich französische Rebsorten, die international große Verbreitung gefunden haben (z. B. Chardonnay, Cabernet Sauvignon, Merlot, Sauvignon blanc, Syrah etc.).

Junganlage
neu mit Reben bepflanzter Weinberg, der noch keinen Vollertrag geliefert hat.

klonale Selektion, Klonenselektion, Klonenzüchtung
Herstellung einer größeren Zahl genetisch identischer Reben durch vegetative (ungeschlechtliche) Vermehrung aus dem Material eines einzigen Rebstocks.

kultivieren
(Weinreben) anbauen.

Laubarbeit
das Abschneiden überflüssiger Triebe der Rebe und Ausdünnen der Blattwand, insbesondere das Entblättern der Traubenzone, das die Reife der Trauben begünstigt.

Lese
→Weinlese.

Lesegut
die bei der Weinlese geernteten Trauben.

massale Selektion, Massenselektion
Rebenselektion durch ungeschlechtliche Vermehrung einer größeren Zahl hochwertiger Stöcke (eines Weinbergs).

naturnaher Weinbau
→integrierter Rebschutz.

Notreife
vorzeitiges Ende der Vegetation von Reben (Trauben) unter ungünstigen Wachstumsbedingungen wie z. B. großer Trockenheit; resultiert in minderwertigen Beeren.

ökologischer Weinbau
→biologischer Weinbau.

Pergolaerziehung
süddt. Pergelerziehung [zu lat. „pergula", Anbau, Vorbau], Weinbergsanlage, bei der die Triebe der Rebstöcke an hohe, dachlaubenartige Holzgerüste (Pergola, Pergel) angebunden werden.

Pfahlerziehung
→Einzelpfahlerziehung.

pfropfen
ein →Edelreis mit einer →Unterlagsrebe verbinden, sodass beide zu einer Pflanze verwachsen.

physiologische Reife
Reifezustand der Weintrauben, in dem das Maximum an Zucker gebildet wurde und die Rebsamen optimal ausgebildet sind; sie ist eine zentrale Voraussetzung für die Alterungsfähigkeit des Weins.

Rebkrankheiten
durch Pilze, Viren, Bakterien, Nährstoffmangel oder tierische Schädlinge versursachte uner-

Sie ist nur ein winzig kleines Insekt, die Reblaus, die im 19. Jahrhundert fast den gesamten europäischen Weinbau ausgelöscht hätte, weil ein unvorsichtiger südfranzösischer Weinfreund sie mit Rebsetzlingen aus Amerika einschleppte. Nur, was ihre wissenschaftlichen Namen angeht, ist sie ein Gigant, es gibt oder gab derer nämlich (mindestens) sechs: Phylloxera vastatrix, Phylloxera vitifoliae, Viteus vitifolii, Viteus vitifoliae, Daktulosphaira vitifoliae und Dactylasphaera vitifoliae.

Sprich

Ein Dichten
ist auch das
Weingenießen,
nur dass die Verse
nach innen fließen.

Spruch im Bremer Ratskeller

Ist der Wein im Manne,
ist der Verstand in der
Kanne.

Volksmund

wörter

wünschte Veränderungen des Vegetationsverhaltens oder der Traubenproduktion von Weinreben.

Reblaus
winziger Rebschädling (wiss. Phylloxera vastatrix), der sich v. a. von den Wurzeln und den Blättern des Rebstocks ernährt und in der zweiten Hälfte des 19. Jahrhunderts, aus Amerika eingeschleppt, fast den gesamten europäischen Weinbau zerstört hätte; mit der Praxis, die europäischen Qualitätsrebsorten (→Edelreiser) auf reblausresistente amerikanische Rebstöcke (→Unterlagen) aufzupropfen, wurde ein Gegenmittel gegen den Schädling gefunden.

Rebschnitt
der wichtigste Eingriff des Winzers in das Wachstum der Rebe; er passt die Pflanze an die gewünschte →Erziehungsform an und beeinflusst dadurch die Erntemenge sowie die Qualität der Trauben und Weine.

Refraktometer
Messgerät zur Bestimmung des Zuckergehalts von Trauben und Mosten auf Basis der veränderten Lichtbrechung bei steigendem Zuckergehalt.

Reife
→Traubenreife.

Ried, Riede
[österr., zu althochd. „riod, riuti", Rodung], Lage.

rigolen
[zu gleichbed. franz. „rigoler", ursprüngl. zu lat. „regula", Richtholz, Richtschnur], tief pflügen.

Selbstträger
→Direktträger.

Setzling
durch vegetative Vervielfältigung und meist durch Pfropfen eines Edelreises auf eine Unterlage entstandene Jungpflanze, die im Weinberg ausgepflanzt wird.

Spalier
Anlage aus Pfählen und horizontal gespannten Drähten, an denen die Rebstöcke in die Höhe wachsen.

spritzen
Mittel des Pflanzenschutzes per Spritz- oder Sprühverfahren ausbringen.

Stockdichte
Anzahl der Rebstöcke auf einem Hektar Weinbergsfläche.

Traubenreife
Entwicklungsstadium der Weinrebe, bei dem ihre Früchte genuss- und verwendungsfähig sind; zur Feststellung der Traubenreife werden u. a. der Zucker- und Säuregehalt der

Trauben, die Ausbildung der Primäraromen und die der Beerensamen herangezogen.

umpfropfen, umveredeln
die Rebsorte von bereits ausgepflanzten Stöcken verändern, die dazu abgeschnitten und mit neuen Edelreisern aufgepfropft werden.

umweltschonender Weinbau
→integrierter Rebschutz.

Unterlage, Unterlagsrebe
Wurzelstamm einer amerikanischen Rebe oder einer euroamerikanischen Kreuzung, auf den ein europäisches Edelreis aufgepfropft wird.

Vegetationszyklus
die Gesamtheit der Wachstums-, Reife- und Ruhephasen von Rebe und Traube; die Wachstumsphase wird auch als Vegetationsperiode bezeichnet.

veredeln
→Edelreiser auf eine →Unterlage aufpfropfen.

Vollernter
selbstfahrende oder von Traktoren gezogene landwirtschaftliche Maschine zum Ernten und Zwischenlagern der Trauben im Weinberg.

Weinlese
die Traubenernte.

wipfeln
→gipfeln.

wurzelecht
ohne →Unterlage ausgepflanzter →Direktträger.

Hermitage, Ermitage, Pinotage

Eine der berühmtesten Weinbergslagen der Welt, ein spektakulärer Hang im französischen Teil des Rhônetals, direkt oberhalb der Stadt Tain, hört auf den klangvollen Namen Hermitage, der sich vom französischen „ermitage", Einsiedelei, ableitet. Sein Renommee war und ist so groß, dass in vielen Teilen der Weinwelt immer wieder versucht wurde, ihn zu kopieren. So nennen beispielsweise die Schweizer die Weißweinsorte Marsanne im Wallis „Ermitage" und die Australier tauften ihren berühmtesten und ältesten Kultwein „Grange Hermitage". Das wurde ihnen allerdings nach einigen Jahren von den Europäern, die einen Gutteil des Weins tranken, verboten, weshalb der Wein heute nur noch als „Grange" bekannt ist. In Südafrika schließlich benannte man sogar eine eigene Rebsortenzüchtung, die rein gar nichts mit dem Rhônetal zu tun hat, sondern den burgundischen Pinot noir und den südfranzösischen Cinsaut zu ihren Eltern zählt, Pinotage – eine Wortschöpfung aus Pinot und Hermitage.

Kellertechnik

absetzen
eigtl. absetzen lassen, →klären.

abstechen
Wein während der Weinbereitung von der Maische oder von den Hefen in einen anderen Behälter umfüllen; das Wort könnte eine Kombination aus (ein Fass) anstechen und (Wein) abziehen sein.

abstoppen
die Gärung durch Kühlen, Filtrieren, Schwefeln etc. unterbrechen (stoppen), um Weine mit Restsüße zu erhalten.

abziehen
→abstechen.

Aktivkohle
poröser, amorpher Kohlenstoff, ein Hilfsmittel beim Schönen und Entfärben von Weinen.

Alkoholgehalt
die in Vol.-% gemessene Konzentration des Äthanols im Wein, die v. a. vom Zuckergehalt der Trauben abhängig ist.

alkoholische Gärung
die eigentliche →Gärung im Unterschied zur malolaktischen Gärung, d.h. zum →biologischen Säureabbau.

Alkoholzusatz
nur in Ausnahmefällen erlaubte Maßnahme zur Beeinflussung des Weincharakters (→aufspriten).

anaerob
[zu griech. „a(n)“, nicht, un-, „aér“, Luft, und „bíos“, Leben], in Abwesenheit von Sauerstoff ablaufend (z. B. Gärprozess).

Analyse
[zu mlat. „analysis“, Auflösung], physikalische oder chemische Untersuchung zur Feststellung der Inhaltsstoffe von Weinen; sie dient dazu festzustellen, ob der Wein fehlerfrei ist und den gesetzlichen Mindestanforderungen für seine Kategorie genügt.

anreichern
den Zuckergehalt von Maische oder Most (bis zum Jungweinstadium) durch Zugabe von Rüben- oder Rohrzucker (Saccharose) bzw. Mostkonzentrat oder auch durch Konzentrieren des Mosts per Vakuumverdampfung oder Umkehrosmose steigern, wodurch sich der Alkoholgehalt im fertigen Wein erhöht.

Das Abstechen oder Abziehen ihrer Rotweine von der Maische vor der vollendeten alkoholischen Gärung nennen Winzer auch Abwirzen, ein Begriff, dessen Herkunft sich schwer rekonstruieren lässt. Wahrscheinlich geht „wirzen“ auf „würzen“ oder „Würze“ zurück, so wie man noch vor weniger als zwei Jahrhunderten von Gerichten sagte, sie seien gut (oder schlecht) „gewirzt“. Unter „Würze“ wiederum – da besteht wohl eine Analogie zum Bierbrauen – versteht man die in der Maische gelösten festen Bestandteile; das Abwirzen wäre demnach das Abstechen oder Abziehen der Flüssigkeit von diesen festen Bestandteilen.

Anstellhefe
Lösung von Reinzuchthefen, die zum Starten der Gärung verwendet wird.

Apfel-Milchsäuregärung
biologischer →Säureabbau.

Archivwein
in Flaschen gefüllter Wein, der zum Zweck der späteren Verkostung und Überprüfung seiner Alterungseigenschaften oder zum Zwecke des Genusses in voll ausgereiftem Zustand in einem speziellen Keller (Archiv) gelagert wird.

Aromahefen
spezialisierte Hefen, die bei der Gärung bestimmte oder besonders markante Aromen erzeugen.

aufbessern
→anreichern.

auffärben
mithilfe von Deckwein farblich intensivieren.

auffrischen
Weinen, die ihre Frische verloren haben, vor dem Abfüllen Kohlensäure oder Wein jüngerer Jahrgänge zusetzen.

aufrühren
Weine, die mit ihren (abgestorbenen) Hefen im Fass lagern, umrühren, sodass die Hefezellen im Wein verteilt werden.

aufsäuern
→säuern.

aufscheitern
den Tresterkuchen, der sich beim Pressen bildet, auflockern, um die Mostausbeute zu erhöhen.

aufspriten
Weinen hochprozentigen Alkohol zufügen, um den Alkoholgehalt zu erhöhen und/oder das Vergären des Zuckers →abzustoppen (Likörwein).

aufzuckern
→anreichern.

ausbauen
Wein nach vollendeter Gärung weiterverarbeiten und lagern, um ihn vor dem Abfüllen eine gewisse geschmackliche Komplexität und Reife gewinnen zu lassen.

bakterieller Säureabbau
[zu griech. „baktería“, Stock, Stab], →biologischer Säureabbau.

Bakterien
[zu griech. „baktería“, Stock, Stab], einzellige Mikroorganismen, die in der Weinbereitung unabdingbar sind, etwa beim biologischen →Säureabbau, aber auch für Weinkrankheiten verantwortlich sein können.

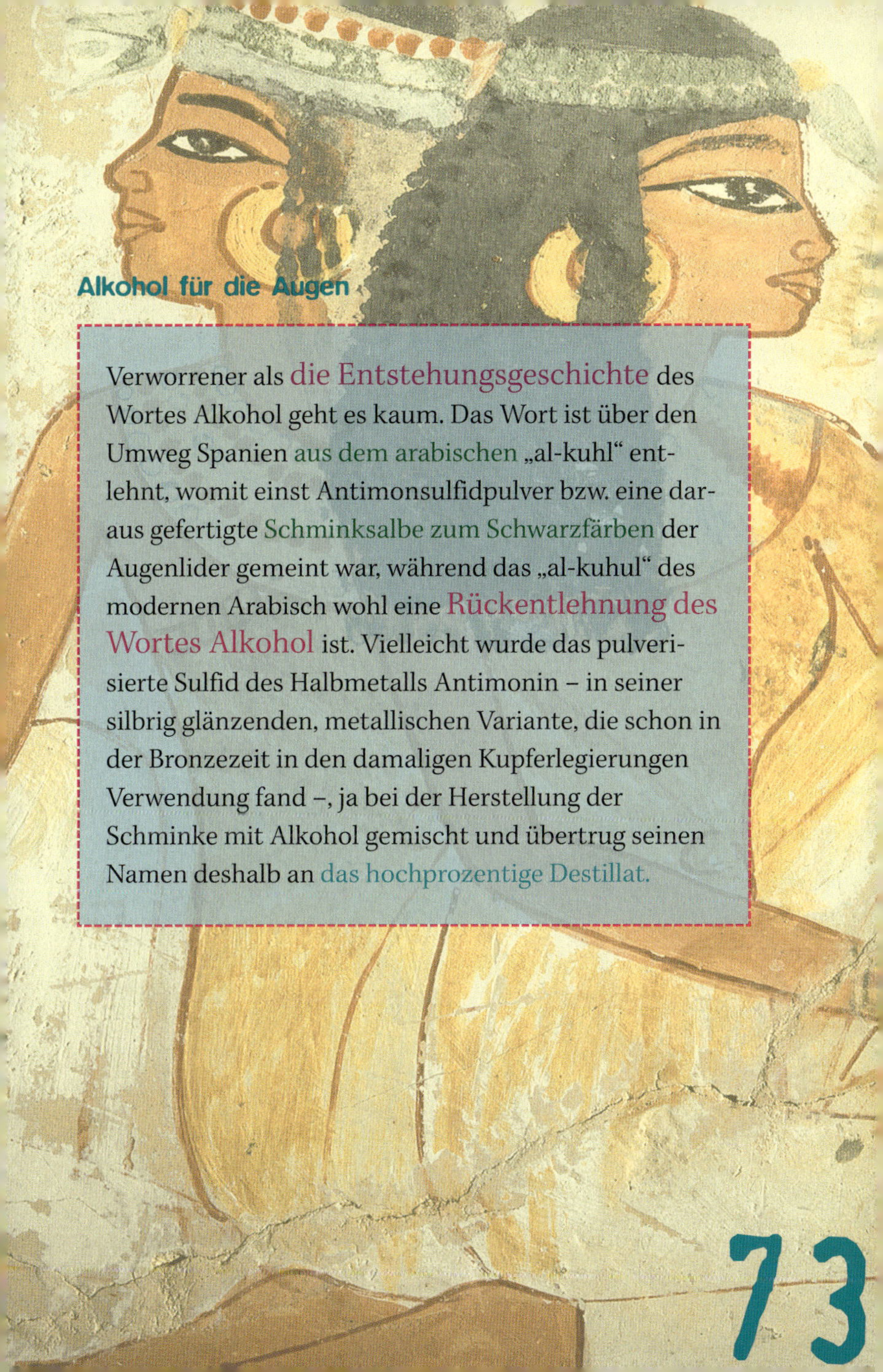

Alkohol für die Augen

Verworrener als die Entstehungsgeschichte des Wortes Alkohol geht es kaum. Das Wort ist über den Umweg Spanien aus dem arabischen „al-kuhl“ entlehnt, womit einst Antimonsulfidpulver bzw. eine daraus gefertigte Schminksalbe zum Schwarzfärben der Augenlider gemeint war, während das „al-kuhul“ des modernen Arabisch wohl eine Rückentlehnung des Wortes Alkohol ist. Vielleicht wurde das pulverisierte Sulfid des Halbmetalls Antimonin – in seiner silbrig glänzenden, metallischen Variante, die schon in der Bronzezeit in den damaligen Kupferlegierungen Verwendung fand –, ja bei der Herstellung der Schminke mit Alkohol gemischt und übertrug seinen Namen deshalb an das hochprozentige Destillat.

Ungeholzt

Als Lifestyle-Getränk ist der Wein natürlich auch Moden und ihrem Wandel unterworfen, was manchmal zu grotesken Erscheinungen führen kann. So war es noch bis in die Mitte der 1990er-Jahre undenkbar, dass jemand, der etwas von der Sache verstand, einen Weißwein aus der Rebsorte Chardonnay für gut befand, der nicht im Barrique, dem kleinen Fass aus Eichenholz, vergoren und ausgebaut worden war. Dieselben Kritiker und Fachleute rümpfen aber heute schon die Nase, wenn auch nur im Entferntesten Holzaromen in Duft oder Geschmack ihres Chardonnays wahrnehmbar sind. „Unwooded", ungeholzt, lautet das moderne Zauberwort.

Barrique
[ba'rik, franz., (kleines) Fass], ursprünglich aus dem französischen Bordeauxgebiet stammendes Holzfass mit einem Fassungsvermögen von ca. 225 l.

Bâtonnage
[franz., zu „bâton“, Stab], →Aufrühren.

Baumpresse
traditionelle Kelter, in der eine Platte durch den Hebeldruck eines langen Baumstammes auf die Maische gedrückt wird.

beifüllen
Fässer auffüllen.

belegen
Fässer mit Wein oder leicht schwefelhaltigem Wasser füllen.

belüften
Wein während der Gärung oder des Ausbaus dem Einfluss von Luftsauerstoff aussetzen.

biologischer Säureabbau
Verminderung des Säuregehalts von Weinen nach der alkoholischen Gärung mithilfe von Milchsäurebakterien, die Apfelsäure in Milchsäure umwandeln; im Unterschied zum →Entsäuern.

Bottich
großes, rundes, in der Regel oben offenes Holz-, Stahl- oder Betongefäß, das für die Gärung benutzt wird.

Braunwerden
farbliche Veränderung von Weinen nach langer Lagerung durch Oxidation der Polyphenole.

Brettanomyces, Brett
Gruppe von spontan auftretenden Hefestämmen, die das Weinaroma auffällig verändern können (animalische, schweißige Noten).

Bruch
Trübung des Weins (weiß, grau, schwarz, braun) infolge eines Weinfehlers.

chemische Hilfsmittel
synthetische Substanzen, in der Regel aus industrieller Produktion, die in der Kellerarbeit zum Schönen, zur Korrektur von Weinfehlern, als Hefenährstoffe, zur Verbesserung der Gäreigenschaften, zum Auffrischen und zum Stabilisieren und Konservieren zum Einsatz kommen.

Chips
→Wood-Chips.

Chromatografie
[zu griech. „chróma“, Farbe, und „gráphein“, schreiben], Methode der physikalisch-chemischen Analyse, mit der die verschiedenen Bestandteile des Weins bestimmt werden können.

Criadera-Solera-Verfahren
[zu span. „criadero", Zucht, Baum- oder Rebschule, und „solera", Unterlage], Ausbauverfahren, v. a. des spanischen Sherrygebiets, bei dem der Wein eine Reihe von Jahren in übereinander liegenden Fässern reift, wobei der Schwund aus den Fässern mit älterem Wein in jedem Jahr aus denen mit jüngerem ausgeglichen wird.

Decksorte
Rebsorte, die vorwiegend oder ausschließlich zur Intensivierung der Farbe von Weinen aus anderen Sorten verwendet wird.

Deckwein
Wein, der zum Verstärken von farblich schwächeren Weinen benutzt wird.

degorgieren
[zu franz. „dégorger", (in etwas) fließen], den fertigen Schaumwein nach der Flaschengärung von der Hefe trennen.

Dosage
[doˈsa:ʒ, franz., Dosierung], 1) eigtl. Fülldosage, das Versetzen eines Grundweins mit einer Lösung aus Wein, Zucker und Hefe, um die Flaschengärung bei der Schaumweinbereitung in Gang zu setzen, 2) eigtl. Versanddosage, das Versetzen von fertigem Schaumwein mit einer Lösung aus Wein, Zucker, evtl. auch Weinbrand, um den endgültigen Restzuckergehalt einzustellen.

durchgegoren
bis zur fast vollständigen Umwandlung des Zuckers in Alkohol und zum spontanen Gärstopp vergoren.

eindicken
→konzentrieren.

einmaischen
zu Maische verarbeiten (Trauben).

Eiweißschönung
→Schönung von Weinen mithilfe von aufgeschlagenem rohem Eiweiß.

entfärben
Mosten oder Weinen mithilfe von Aktivkohle, bestimmten Arten des Schönens, Schwefelns oder Filtrierens Farbe entziehen.

entsäuern
Weinen und Mosten in der Regel mithilfe von kohlensaurem Kalk ($CaCO_3$) Säure entziehen.

entschleimen
→klären.

Enzyme
Proteine, die chemische Reaktionen im Wein beschleunigen können, insbesondere den Säureabbau; die Bezeichnung ist aus

der griechischen Vorsilbe „en“, in, und dem griechischen „zým“, Sauerteig, zusammengesetzt.

Fass
bauchiges Gefäß aus hölzernen Dauben, im Unterschied zum stehenden Bottich in der Regel liegend und geschlossen, das zur Gärung und zum Ausbau von Weinen dient.

Fassausbau
das →Ausbauen von Weinen in Holzfässern.

filtrieren
Moste oder Weine mithilfe unterschiedlicher Techniken von unerwünschten Trubstoffen, Mikroorganismen oder sogar gelösten Substanzen trennen.

fraktionieren
[zu lat. „fractio“, Bruch], Weine mithilfe verschiedener Techniken in Wasser, Alkohol und die unterschiedlichen Aroma- und Geschmackstoffe zerlegen, um anschließend die für ein bestimmtes Geschmacksbild gewünschten Elemente wieder zusammenzufügen.

Freilauf
→Vorlauf.

Fuder
an der Mosel gebräuchlicher Fasstyp mit 1 000 l Fassungsvermögen.

Fülldosage
→Dosage 1).

Füllzeitpunkt
der gewählte (ideale) Moment für das Abfüllen von Weinen in Flaschen.

Ganztraubengärung
1) Vergären ganzer, nicht abgebeerter Trauben mit unverletzten Beeren, 2) gelegentlich für Kohlensäuregärung.

Ganztraubenpressung
Pressen ganzer, nicht abgebeerter Trauben zum Zweck der Verbesserung der technischen (Filtrationsverhalten) und geschmacklichen (Reintönigkeit, Fruchtigkeit) der Moste oder Weine (v. a. Weiß- und Schaumweine).

Garagenwein
in geringen Mengen erzeugter, meist hochwertiger Wein kleiner Weingüter ohne lange Weinbautradition.

Gäraufsatz
traditionell ein mehrfach gebogenens Glas- oder Plastikrohr, heute oft zwei entgegengesetzt ineinander geschobene, einseitig offene Plastikzylinder, mit einer Füllung aus (geschwefeltem) Wasser, die – mithilfe eines Gummistopfens ins Spundloch gesetzt – gewährleisten, dass während der Gärung Kohlen-

Königliche Flaschen

Dass eine „Impériale“, eine kaiserliche (Flasche) besonders groß sein muss, erschließt sich schon aus ihrem Namen. Ähnliches darf man im Fall der „Methusalem“ vermuten, denn der wurde bekanntlich steinalt, und uralte, aber noch trinkbare Weine findet man eben am ehesten in sehr großen Formaten. Wie die Franzosen, die diese Namen erfanden, aber auf die alttestamentarischen Namen Balthasar, Jeroboam, Salmanasar oder Nebukadnezar (franz. „nabuchodonosor“) zur Benennung ihrer Großflaschen kamen, kann man nur vermuten. Balthasar, so viel lässt sich noch erraten, könnte wegen seiner berüchtigten Orgien, bei denen bestimmt auch reichlich Wein floss, zu dieser Ehre gekommen sein.

dioxid aus dem Fass entweichen kann, ohne dass Luftsauerstoff eindringt.

Gärbehälter
für die Gärung verwendeter Tank, Bottich oder Fass.

gären
den Zucker der Weintrauben mithilfe der Enzyme von Hefen in mehreren Stufen zu Alkohol, Kohlendioxid und eine Reihe von Nebenprodukten abbauen.

Gärfehler
bei der Gärung entstandene, unerwünschte, chemische oder physikalische Veränderung des Weins, die sich in Form von unangenehmen Aromen oder Geschmackseigenschaften, in den verschiedenen Arten des →Bruchs sowie in mangelnder Stabilität oder Lagerfähigkeit etc. äußern kann.

Gärführung, Gärkontrolle
Steuerung des korrekten Ablaufs der Gärung durch die Kontrolle der einzelnen Gärschritte und ihre Beeinflussung mithilfe verschiedener Maßnahmen chemischer oder physikalischer Natur (z. B. Hefezugabe, Temperatursteuerung etc.).

Gärstopp
spontanes Ende oder bewusst herbeigeführtes →Abstoppen der Gärung.

Gärtank
in der Regel großer, oft zylindrischer Behälter aus Edelstahl, Beton oder Kunststoff, in dem die Gärung durchgeführt wird.

Gärung
1) Gesamtheit der Prozesse, die beim →Gären von Trauben oder Mosten ablaufen, 2) fälschlich für den →biologischen Säureabbau.

Gebinde
(Wein-)Behälter, in der Regel ein Fass; der Begriff erinnert an das traditionelle „(Fässer-)Binden", wie es auch in der einstigen Berufsbezeichnung des Fassbinders für den Küfer noch durchscheint.

Gradation
→Alkoholgehalt.

Grad Oechsle
Einheitenzeichen °Oe, nach seinem Erfinder, Christian Ferdinand Oechsle (* 1774, † 1852), benannte Einheit für das spezifische Gewicht von Traubenmost, aus dem man den potenziellen Alkoholgehalt des Weins errechnen kann; 1 °Oe entspricht einem spezifischen Gewicht, das um ein Gramm höher liegt als das eines Kilogramms Wasser.

Halbstück
(Wein-)Fass der rheinischen Anbaugebiete Deutschlands mit einem Fassungsvermögen von 600 l.

handgerüttelt
ohne Zuhilfenahme von Maschinen →gerüttelt (Schaumwein).

Hefelager
Sediment abgestorbener Hefen im Gär- oder Lagerbehälter; der Kontakt des Weins mit dem Hefelager kann ihm zusätzliche Komplexität bescheren.

Hefen
einzellige Pilze, die mit ihren Enzymen die Umwandlung des Zuckers in Alkohol bewerkstelligen.

Hefesatz
→Hefelager.

Hefetrub
aus abgestorbenen Hefezellen gebildeter →Trub.

Holzausbau
Ausbau von Weinen in Holzfässern; häufig ist der Ausbau im Barriquefass gemeint.

Holzfass
→Fass.

Holzreife
Entwicklungszustand der Rebe beim Eintritt der Winterruhe, wenn der Stock einen kräftigen Holzkörper ausgebildet hat und die Winterknospen deutlich sichtbar sind.

Hut
→Tresterhut.

imprägnieren
Wein durch Zugabe von Kohlendioxid zu Perlwein machen.

junger Wein
noch nicht lange gefüllter, nicht gealterter Wein; das Attribut wird in Abhängigkeit von der erwarteten Alterungsfähigkeit verwendet: sehr lange lagerfähige Rotweine beispielsweise gelten auch nach 2 oder 3 Jahren als jung, einfache, frisch zu trinkende Weine dann schon als alt.

Jungwein
noch trüber Wein, dessen alkoholische Gärung abgeschlossen, der aber noch nicht von der Hefe abgestochen ist.

Kaltdegorgieren
[zu franz. „dégorger", (in etwas) fließen], den fertigen Schaumwein nach der Flaschengärung von der Hefe trennen, wobei der Flaschenhals so lange in kalte Salzlauge getaucht wird, bis sein Inhalt gefroren ist.

Kaltgärung
temperaturkontrollierte und -gesteuerte alkoholische Gärung bei Temperaturen unter 18 °C, um markantere Primäraromen zu erzielen.

Verherbstung

Wo wir im Deutschen fast schon banal von der Holzreife oder der Verholzung der Reben im Herbst, nach abgeschlossener Traubenreife, sprechen, da lassen die Franzosen ganz poetisch die Jahreszeit durchklingen, in die dieser Abschnitt des Vegetationszyklus fällt. „Aoûtement", Verherbstung, nennen sie den Prozess, der unter anderem entscheidend dafür ist, ob man die Stiele und Rappen mit den Beeren maischen kann oder nicht. Nicht oder nicht ausreichend „verherbstete" Stiele können den Wein nämlich mit ihren grünen, bitteren Tanninen fast untrinkbar machen.

Zitate

Der edle Wein ist doch der
beste Schieferdecker,
sein güldener Schein macht
alle Menschen etwas kecker,
ich wundre mich, dass er so klettern kann
und steigen,
und macht, dass sich die großen Häupter
vor ihm neigen.

Des Knaben Wunderhorn

**Rotwein ist für alte Knaben
eine von den besten Gaben.**

Wilhelm Busch (1832, † 1908)*

Die besten Vergrößerungsgläser für die
Freuden dieser Welt sind jene,
aus denen man trinkt.

Joachim Ringelnatz (1883, † 1934)*

Kaltmazeration
[zu spätlat. „maceratio", Mürbemachen], temperaturkontrollierte Standzeit des Mosts auf den Beerenschalen bei unter 18 °C, oft noch kälter, vor der eigentlichen Gärung, mit dem Ziel, die Farb- und Aromaextraktion zu fördern.

kaltstabilisieren
starkes Abkühlen füllfertiger Weine, mit dem Ziel, das Ausfällen von Weinstein und kältelabilen Weininhaltsstoffen wie Eiweiß zu beschleunigen.

karbonische Gärung
→Kohlensäuregärung.

keltern
eigtl. Weintrauben zu Most pressen; meist ist die Summe aller Arbeitsschritte bei der Weinbereitung gemeint; das Wort stammt vom lateinischen „calcare", mit den Füßen stampfen.

klären
Trubteilchen, die die Gärung stören oder zu unsauberen Aromen führen könnten, auf statische oder mechanische Weise aus dem Most entfernen.

Kohlensäuregärung, Kohlenstoffgärung
Verfahren der Rotweinbereitung (z. B. bei Beaujolais Nouveau), bei dem ganze, unverletzte Beeren ohne Zugabe von Hefen in sauerstoffarmer Kohlendioxidatmosphäre vergoren werden, damit der Wein innerhalb weniger Wochen nach der Ernte vermarktet werden kann.

Kohleschönung
→Schönung von Weinen mithilfe von Aktivkohle.

Kontaktverfahren
Verfahren zum Stabilisieren von Weinen und Schaumweinen, denen gemahlene Weinsteinkristalle zugesetzt werden, um das Ausfällen von Weinstein zu beschleunigen.

konzentrieren
den Alkoholgehalt oder den Anteil geschmacksbildender Inhaltsstofe von Mosten und Weinen mithilfe verschiedener Verfahren (Mostabzug, Kryoextraktion, Vakuumverdampfung, Umkehrosmose) durch Wasserentzug erhohen.

Korbkelter
traditionelle Weinpresse in Form eines aus Holzlatten oder Metall bestehenden Korbes, in dem mithilfe einer Spindel oder einer hydraulischen Vorrichtung eine runde Scheibe auf die Trauben gepresst wird; der Most fließt durch die Zwischenräume zwischen den Latten oder durch Löcher oder Schlitze im Metallkorb ab.

Kryoextraktion
[zu griech. „krýos", Kälte, Frost, und lat. „extrahere", herausziehen], Verfahren zum Konzentrieren von Weinen, bei dem die Trauben oder der Most mithilfe von flüssigem Stickstoff gefroren und die dabei entstehenden Eiskristalle abgetrennt werden.

Kryomazeration
[zu griech. „krýos", Kälte, Frost, und spätlat. „maceratio", Mürbemachen], →Kaltmazeration.

lüften
→belüften.

mahlen
Trauben oder Beeren in einer Traubenmühle zu Maische zerquetschen.

Maische
die Masse der gemahlenen, traditionell auch mit den Füßen gestampften Trauben oder Beeren; das mittelhochdeutsche „meisch" bedeutete wahrscheinlich so viel wie Brei.

Maischeerhitzung
Methode der Gärführung für Rotweine, bei der die Maische stark erhitzt und nach einer kurzen Standzeit abgepresst wird; die Gärung findet anschließend bei niedrigen Temperaturen statt.

Maischegärung
Methode der Gärführung für Rotweine, bei der die Gärung des Mosts auf der Maische, d. h. im Kontakt mit den Beerenschalen und evtl. Stielen stattfindet.

maischen
→einmaischen.

Maischestandzeit
die Dauer des Kontakts zwischen dem Most oder fertig vergorenen Wein mit den Beerenschalen, evtl. auch Stielen.

malolaktische Gärung, malolaktischer Säureabbau
[zu Malat, Apfelsäure, und Lactat, Milchsäure], →biologischer Säureabbau.

Mikrooxidation
Sauerstoffbehandlung von Mosten und ganz oder teilweise vergorenen Weinen, durch die v. a. die Tannine von Rotweinen Härte und Rauheit verlieren sollen.

Milchsäure
eine der geschmacklich milderen Säuren von Weinen, die v. a. während des →biologischen Säureabbaus aus Apfelsäure entsteht.

Most
der (abgepresste) Saft von Weintrauben, aus dem durch Gärung Wein entsteht.

Die Bezeichnung Kabinett für eine Qualitätsstufe deutscher und österreichischer Weine geht, wie wir wissen, ursprünglich auf den Cabinet-Keller im Rheingauer Kloster Eberbach mit seinen „diebstahlsicher" zugemauerten Fenstern zurück, in dem die Zisterzienser ihre wertvollsten Weine aufbewahrten. Aus dem Französischen, wo es „kleines Gemach, Nebenzimmer" bedeutete, wurde das Wort übrigens schon im 16. Jahrhundert eingedeutscht und fand rasch in sehr unterschiedlichen Lebensbereichen Anwendung, auch wenn manch einer den Unterschied zwischen dem Ministerkabinett und dem Wachsfigurenkabinett nicht immer erkennen mag. Ursprünglich ist das „cabinet" ein Diminutiv von „cabine", einem Wort ungeklärter Herkunft, das früher so viel wie Spielhaus bedeutete.

Mostabzug
Entnahme eines Teils der Saftmenge von Rotweinmaische mit dem Ziel, die Farbintensität des Weins zu erhöhen; der abgezogene, farbschwache Most wird häufig zu Rosé verarbeitet.

Mostausbeute
der prozentuale Anteil des abgepressten Mosts am Gesamtgewicht der gepressten Beeren.

Mostgewicht
das spezifische Gewicht von Traubenmost, das heißt, das Gewicht im Verhältnis zum Volumen, das ein Indikator für den Alkoholgehalt des späteren Weins ist.

Mostkonzentrat
eingedickter Traubensaft, der zum →Anreichern verwendet werden kann.

Mostoxidation
Verfahren zur Stabilisierung v. a. von Weißweinen, bei dem unvergorenem Most Sauerstoff zugeführt wird, um oxidierbare Substanzen noch vor der Gärung auszufällen.

Nachgärung
unkontrolliert ablaufende alkoholische oder malolaktische Gärung in der Flasche.

nassverbessern, nasszuckern
mit in Wasser aufgelöstem Zucker →anreichern; dabei wird verbotenerweise die Weinmenge erhöht.

natürlicher Alkohol
der ausschließlich aus dem Zucker der Trauben zu erzielende Alkoholgehalt.

Naturschönung
natürlicher, z. B. bei der Gärung oder beim Ausbau vonstatten gehender Schönungsprozess, z. B. durch Reaktion der Tannine von Rotweinen mit dem im Wein gelösten Eiweiß, bei der Letzteres ausgefällt wird.

Önologie
[zu griech. „oínos", Wein, und „lógos", Rede, Wort], Wissenschaft vom Wein und von der Weinbereitung; der Önologe ist ein Weinmacher mit Universitätsabschluss.

Oxidation
die Reaktion von Most- und Weininhaltsstoffen mit Luftsauerstoff; sie kann zu Weinfehlern, aber auch zu erwünschten Aromen (z. B. beim Barriqueausbau, bei Sherry oder Madeira) führen. Das Wort stammt vom gleichbedeutenden französischen „oxydation", das seinerseits auf das griechische „oxýs", scharf, sauer, zurückgeht.

oxidativ
unter Lufteinfluss vergoren bzw. ausgebaut, mit deutlichen, von

Oxidation geprägten Duft- und Geschmacksnoten wie beispielsweise von Nüssen und getrockneten Früchten.

oxidieren
mit Sauerstoff reagieren.

panschen
für den Verkauf bestimmten Wein durch Verdünnen, Zugabe von Weinen anderer Herkunftsgebiete, von nicht zugelassenen Rebsorten oder weinfremden, nicht erlaubten Substanzen fälschen oder verfälschen. Das Wort ist vermutich lautmalerischen Ursprungs und erst seit dem 18. Jahrhundert bekannt.

pasteurisieren
[nach dem franz. Chemiker Louis Pasteur (* 1822, † 1895)], durch kurzzeitiges starkes Erwärmen haltbar machen; Ziel ist es, Enzyme zu inaktivieren und Mikroorganismen abzutöten.

Pièce
[pɪɛs, franz., Stück], ursprünglich aus dem französischen Burgund stammendes Holzfass mit einem Fassungsvermögen von ca. 228 l, gelegentlich auch etwas größer.

potenzieller Alkohol
der aus dem Mostgewicht der Trauben errechnete, ohne Anreicherung durch die Gärung zu erzielende Alkoholgehalt.

Presswein
1) derjenige Teil des Rotweins, der nach der Gärung nicht spontan aus der Maische abfließt, sondern durch Pressen von den Schalen getrennt werden muss, 2) Weißwein oder Grundwein für die Schaumweinproduktion, der aus dem letzten, durch den größten Pressdruck gewonnenen Most gekeltert wird.

rebeln
[südd.-österr., (zer)reiben], abbeeren.

Reduktion
[zu lat. „reductio", Zurückführung], das Entfernen von Sauerstoff aus chemischen Verbindungen (beim Wein v. a. mithilfe des Einsatzes von Schwefel), und damit das Gegenteil der Oxidation.

Reife
eigtl. Fullreife, das Entwicklungsstadium von Weinen im Ausbau, bei dem sie die für das Abfüllen notwendige Harmonie ihrer Aroma- und Geschmackskomponenten erreicht haben.

Reinzuchthefen
selektierte Hefestämme mit genau bestimmbaren Eigenschaften, die industriell hergestellt bzw. vermehrt und in der Regel als Trockenhefen vertrieben werden.

Feilschende Manipulateure

Manch einer, der die Weinindustrie als Veranstaltung von Panschern und Betrügern in Generalverdacht hat, könnte sich durch die Benennung einer besonderen Gruppe von Champagnererzeugern bestätigt fühlen. Die nennt sich nämlich „négociant-manipulateur", was bedeuten soll, dass sie Grundweine aufkauft und zu Schaumwein macht. Aber heißt „négocier" ursprünglich nicht verhandeln, sprich feilschen, und bedeutet „manipuler" nicht auch manipulieren?

Restextrakt
[zu lat. „extrahere“, herausziehen], der →Extrakt von Weinen ohne Zucker und Säuren.

rosinieren
(Trauben) teilweise trocknen; dies kann am Rebstock, durch Abknicken der Stängel, oder in speziellen Trockenkammern, an Gerüsten hängend oder auf Gitterrosten liegend, geschehen.

Rotofermenter, Rototank
geschlossener Drehtank, der bei der Maischegärung von Rotweinen zum Einsatz kommt.

rütteln
die Hefen von Schaumweinen nach vollendeter Flaschengärung und Reifezeit durch wiederholtes Drehen und Steilerstellen der Flasche in einem Rüttelpult im Flaschenhals sammeln, um sie dann beim →Degorgieren entfernen zu können.

Rüttelpult
Gestell mit schräg stehender Löcherwand, in der Schaumweinflaschen mit dem Hals nach unten →gerüttelt werden.

säuern
Mosten oder Weinen zur Erhöhung der mikrobiologischen Stabilität und damit der Haltbarkeit oder zur Verbesserung der geschmacklichen Eigenschaften Weinsäure, außerhalb der EU auch Apfelsäure, zusetzen.

Säureabbau
→biologischer Säureabbau.

Säuregrad
die Stärke der sauren Wirkung von Säuren, die mithilfe des so genannten pH-Werts – pH ist die Abkürzung für lat. „potentia hydrogenii“, die Stärke (Konzentration) des Wasserstoffs – ausgedrückt wird.

Schalenkontakt
→Maische; die Dauer des Schalenkontakts ist die →Maischestandzeit.

scheitern
→aufscheitern.

Schönung
Verfahren zum Entfernen von Trubstoffen aus Mosten oder Weinen mithilfe von Schönungsmitteln animalischer, pflanzlicher oder mineralischer Natur.

Schönungsabstich
das Abtrennen des Mosts oder Weins von den Trubstoffen nach erfolgter Schönung.

Schwebestoffe
→Trub.

schwefeln
Most oder Wein durch Zugabe von Schwefeldioxid oder

Sprich
Beim Wein geht die Zunge auf Stelzen.
Sprichwort
Wein trinke aus kleinen Schalen,
Wissen trinke aus großen.
Chinesisches Sprichwort
wörter

schwefliger Säure konservieren und ihn vor Fehlaromen und Weinfehlern schützen.

Schwund
durch Verdunstung oder osmotischen Austausch verursachte Verringerung der Weinmenge während des Ausbaus in Holzfässern.

Selbstklärung
spontan, d. h. ohne chemische oder physikalische Einflüsse ablaufende →Schönung.

separieren
[zu lat. „separare", absondern, trennen], mithilfe einer Zentrifuge filtern.

spontane Gärung, Spontangärung
ohne Zugabe von Reinzuchthefen, ausschließlich mit den Spontanhefen durchgeführte Gärung.

Spontanhefen
im Weinberg (auf den Trauben) oder im Keller vorkommende natürliche Hefen.

spriten
→aufspriten.

Spund
Holz- oder Silikonstopfen zum Verschließen des Spundlochs, einer in der Regel runden Öffnung in Holzfässern, die zum Befüllen, zum Reinigen und zur Entnahme von Wein dient. Das Wort geht auf das lateinische „(ex)punctum", Stich, Punkt, zurück

stabilisieren
krankhaften Veränderungen des Weins oder ungewolltem Säureabbau durch konservierende Maßnahmen chemischer oder physikalischer Art (Schwefel, Säure, Schönung, Filtration) vorbeugen.

Standzeit
→Maischestandzeit.

stecken bleiben
ungewollt und ohne menschlichen Einfluss aufhören zu gären, obwohl noch nicht sämtlicher vergärbarer Zucker umgewandelt wurde.

sterilisieren
schädliche Mikroorganismen in Mosten, Weinen oder in Weinbehältern und Gerätschaften mit chemischen oder physikalischen Maßnahmen abtöten oder abtrennen.

stoppen
→abstoppen.

Stück, Stückfass
(Wein-)Fass der rheinischen Anbaugebiete Deutschlands mit einem Fassungsvermögen von 1 200 l.

stumm
nicht weiter gärfähig.

stürmische Gärung
innerhalb weniger Stunden ablaufende →alkoholische Gärung.

Süßreserve
unvergorener, stumm gemachter Traubenmost, der dem Wein nach vollendeter Gärung zugegeben wird, um ihn zu süßen.

Tankgärverfahren
Methode der Schaum- oder Perlweinbereitung, bei der die zweite Gärung in großen Drucktanks stattfindet.

Tannine
eine bestimmte Art Polyphenole, die im Holz, in den Blättern und Früchten vieler Pflanzen vorkommen; im Wein sorgen sie für Struktur, aber auch für adstringierenden, harten Geschmack.

tatsächlicher Alkohol
der durch die Gärung des natürlichen oder angereicherten Mosts sowie das Aufspriten erzielte endgültige Alkoholgehalt des fertigen Weins.

Traubenmühle
Gerät zur Herstellung der Maische, in dem die Trauben oder Beeren gequetscht werden.

Trester, Treber
[vermutl. zu treiben], Masse der vom Most abgepressten Schalen und Kerne der Weintrauben.

Trockenhefen
die übliche Verkaufsform von →Reinzuchthefen.

trocknen
den Beeren der Weintraube noch im Weinberg oder nach der Ernte im Keller Wasser entziehen, um u. a. die Konzentration von vergärbarem Zucker zu erhöhen.

Trub
feste Bestandteile von Mosten und nicht füllfertigen Weinen, die aus Hefen oder Heferesten, Fragmenten von Schalen und Kernen sowie Eiweißen und Mikroorganismen bestehen.

überpumpen
→umpumpen.

Umkehrosmose
[zu griech. „osmós", Stoß, Schub], Verfahren zum Konzentrieren, Filtrieren und Fraktionieren von Weinen, das den so genannten osmotischen Druck von Flüssigkeiten mit unterschiedlichen Lösungskonzentrationen ausnutzt.

umpumpen
den Tresterhut während der Maischegärung zum Zweck verstärkter Farb- und Geschmacksextraktion mit Most bzw. Wein berieseln, der in der Regel unten am Tank, Fass oder Bottich entnommen wird.

Burgherrenweine

Dass Wein früher ein Getränk für die Herrschaft, nicht unbedingt aber für deren Knechte war, findet seinen Niederschlag noch heute in einer Reihe portugiesischer Rebsorten, die als Castelão (Castellão), Castelão nacional oder Castelão francês bekannt sind. Der „castelão" ist im Portugiesischen nämlich niemand anderes als der Burgherr.

unterstoßen
den Tresterhut während der Gärung unter die Oberfläche des Weins stoßen, um die Farb- und Geschmacksextraktion zu fördern.

Vakuumverdampfer
Gerät zum Konzentrieren von Mosten und Weinen mittels Verdampfung bei nur 25–30 °C; es basiert auf dem Prinzip, dass der Siedepunkt von Flüssigkeiten bei geringem oder keinem Luftdruck sehr niedrig liegt.

verbessern
→anreichern.

Versanddosage
→Dosage 2).

Verschnitt
in der Regel Mischung aus Mosten oder Weinen verschiedener Rebsorten; Lagen- oder Jahrgangsverschnitte sind Mischungen verschiedener Lagen oder Jahrgänge.

Versektung
Herstellung von Schaumwein mithilfe einer zweiten Gärung.

verstärken
→aufspriten.

Viertelstück
(Wein-)Fass der rheinischen Anbaugebiete Deutschlands mit einem Fassungsvermögen von 300 l.

vinifizieren
[zu lat. „vinum", Wein], Trauben oder Moste zu Wein verarbeiten.

vorhandener Alkohol
→tatsächlicher Alkohol.

Vorlauf
ohne Druckeinwirkung aus Gärtanks oder Keltern abfließender Most oder Wein.

Warmdegorgieren
[zu franz. „dégorger", (in etwas) fließen], den fertigen Schaumwein nach der Flaschengärung ohne vorheriges Einfrieren des Flaschenhalses von der Hefe trennen.

Weinbereitung
die Summe der Arbeitsschritte von der Weinlese bis zum Abfüllen des fertigen Weins.

Weinkrankheiten
durch Mikroorganismen verursachte Veränderungen, den Genuss störende Fehlaromen oder unharmonische und aggressive Geschmackseigenschaften des Weins.

zweite Gärung
eine alkoholische Gärung im Tank oder in der Flasche, mithilfe derer Stilweine in Perl- oder Schaumweine verwandelt werden.

Gānbēi!
chinesisch
Prost!
CHEERS!
englisch
Kanpai!
japanisch
JÁMAS!
griechisch
Salute!
italienisch
Şerefe!
türkisch

Skål!
dänisch
Zum Wohl!
deutsch
KIPPIS!
finnisch
Santé!
französisch
PROOST!
niederländisch
Viva!
rätoromanisch
¡SALUD!
spanisch

Französisch – Deutsch

acerbe [a'sɛrb], (geschmacklich) herb, grün (Tannine).

acescence [asɛ'sãs, zu lat. „acetum“, Essig], Essigstich.

acidité [asidi'te], Säure, Säuregehalt.

affinage [afi'na:ʒ, Verfeinerung], Prozess der Flaschenreife.

agréable [agre'abl], (geschmacklich) angenehm, harmonisch.

aigrelet [ɛgrə'lɛ], leicht säuerlich.

altéré [alte're], (geschmacklich) verdorben.

amélioration [ameliora'sjɔ̃, Verbesserung], Anreicherung.

amer [a'mɛr], bitter.

Appellation eigtl. Appellation d'origine [apəla'sjɔ̃ (dori'ʒin)], Herkunftsbezeichnung; die Appellation d'origine contrôlée [apəla'sjɔ̃ dori'ʒin kɔ̃tro'le], Abk. A. O. C., ist die Kategorie der Weine mit geschützter Ursprungsbezeichnung in Frankreich.

âpre [apr], (geschmacklich) herb, tanninbetont.

aromatique [aroma'tik], aromatisch.

arrière-goût [arjɛr'gu], Nachgeschmack.

assemblage [asã'bla:ʒ, zu „assembler“, zusammensetzen], Verschnitt (von Qualitätsmosten oder -weinen).

astringent [astrɛ̃'ʒã], (geschmacklich) adstringierend.

attaque [a'tak, Angriff], erster geschmacklicher Eindruck auf der Zunge und am Gaumen.

blanc [blã, weiß], eigtl. vin blanc, Weißwein.

boisé [bwaze:], Holzgeschmack (vom Ausbau in Fässern aus neuem Eichenholz).

bouchon [bu'ʃɔ̃], Korken.

bouchon à vis [bu'ʃɔ̃ a vɪs], Schraubverschluss.

bouchonné [buʃɔ'ne], korkig.

bouquet [bu'ke, Strauß], Bukett.

capiteux [kapɪ'tø, berauschend], (geschmacklich) alkoholisch, warm, dicht.

casse [kas], Bruch.

cave [ka:v], (Fass- oder Flaschen-) Keller.

caveau [ka'vo], (kleiner) Kellerraum, übertragen für den Verkaufsraum von Weingütern.

cave coopérative [ka:v koɔperativ], Genossenschaftskellerei.

cep [sɛp], Rebstock.

cépage [se'pa:ʒ], Rebsorte.

cépage noble [se'pa:ʒ nɔb(l), edle Rebsorte], Rebsorte, aus der hochwertige Weine erzeugt werden können.

chai [ʃɛ], (Fass-)Keller.

chapeau [ʃa'po, Hut], Tresterhut.

charnu [ʃar'ny, zu „chair", Fleisch], (geschmacklich) körperreich, fleischig.

charpenté [ʃarpɑ̃'te, aus Holz, zu lat. „carpentum", (zweirädriger) Karren], (geschmacklich) fest, gut strukturiert, mit Gerüst.

chaud [ʃo], (geschmacklich) warm.

chef de cave [ʃef də ka:v], Kellermeister.

chef de culture [ʃef dɔ kylt'yr, Chef der (Reb-)Kulturen], Weinbergsverantwortlicher (in größeren Kellereien oder Erzeugerbetrieben).

climat [kli'ma], 1) Klima, 2) Lage.

clone [klon], (Reb-)Klon.

collage [kɔ'la:ʒ], Schönung.

complet [kɔ'plɛ], (geschmacklich) komplett, auch vielschichtig.

corps [kɔ:r], Körper.

corsé [kɔr'se], (geschmacklich) vollmundig, kräftig.

coupage [ku'pa:ʒ], Verschnitt (in der Regel von einfacheren oder minderwertigen Weinen).

court [kur], (geschmacklich) kurz.

cuvage [ky'va:ʒ], cuvaison [kyvɛ'zɔ̃], Maischegärung; der Begriff enthält das französische „cuve", Bottich, Tank.

cuve close [kyv kloz; „geschlossener Bottich"], Tankgärverfahren.

cuverie, cuvier [kyv(ə)'ri:, ky'vje, zu „cuve", Bottich, Tank], Kelterhaus.

dame-jeanne [dam'ʒann, vermutl. zu arab. damayan, nach der persischen Stadt Damajan (Dāmghān)], große Bauch- oder Korbflasche.

débourbage [debur'ba:ʒ], décantation [dekãtasjɔ̃], Klärung.

décanter [dekã'te], 1) statisch klären, 2) dekantieren.

dégorger [degɔr'ʒe], degorgieren (Schaumwein); das französische „dégorger" bedeutet ursprünglich (in etwas) fließen.

degré
eigtl. degré alcoolique [də'gre alkɔ'lik], Alkoholgehalt.

dégustation [degysta'sjɔ̃], Verkostung.

dégustation aveugle [degysta'sjɔ̃ a'vœgl], eigtl. dégustation à l'aveugle, Blindverkostung.

délicat [deli'ka], (geschmacklich) delikat, fein.

demi sec [də'mi sɛk, zu „demi", halb, und „sec", trocken], medium dry.

doux [du], (geschmacklich) lieblich, süß.

dur [dyr], (geschmacklich) hart.

égrapper [egra'pe], abbeeren.

élever [el(ə)'ve], ausbauen.

éleveur [elə'vœr], Weinhändler, der Moste oder Jungweine kauft, um sie auszubauen und zu vermarkten.

encépagement [ɑ̃sepaʒə'mɑ̃], Rebsortenzusammensetzung.

épicé [epi'se], (geschmacklich) würzig.

équilibré [ekili'bre], harmonisch, ausgeglichen.

extrait [eks'trɛ], Extrakt.

fermentation [fermɑ̃tas'jɔ̃], Gärung.

fermentation malolactique [fermɑ̃tas'jɔ̃ malolak'tik], biologischer Säureabbau.

fin [fɛ̃], (geschmacklich) fein.

floral [flo'ral], floral (Aromen).

foudre [fu:dr], (großes) Fass.

foulage [fu'la:ʒ], Mahlen (der Trauben).

frais [frɛ], frisch.

friand [frɪ'ɑ̃, lecker], (geschmacklich) süffig.

fruité [frɥi'te, fruchtig], nach Früchten duftend oder schmeckend.

fût [fy], (kleines) Fass.

fût de chêne [fy də ʃɛn], Eichenholzfass (Barrique).

généreux [ʒene'rø, großzügig], vollmundig, körperreich und geschmacksintensiv.

gouleyant [gule'ijɑ̃], (geschmacklich) süffig.

goût [gu], Geschmack.

goût de bouchon [gu də bu'ʃɔ̃, zu „goût", Geschmack und „bouchon", Stopfen], Korkschmecker.

goût de terroir [gu də ter'wa:], Terroirgeschmack, -charakter.

grain noble [grɛ̃ nɔbl, edles Korn], Beeren mit Edelfäule, übertra-

Bauchige Damen

Kennen Sie eine Dame namens Jeanne alias Lady Jane? Oder einen Herrn namens Demi John? Gemeint ist in beiden Fällen keine Figur der Kulturgeschichte, sondern eine große Bauchflasche von der Art, wie sie in vielen Weingütern noch immer zum Gären und Ausbauen von Kleinstmengen verwendet werden. Etwa, wenn der Jahrgang nicht mehr als einige Liter Beerenauslese oder Eiswein hergegeben hat. So bizarr der Name dieser Flasche scheint, so leicht ist er zu erklären, und auf die Spur führen uns die italienische oder die spanische Version besser als die französische „dame-jeanne“ oder die englische. Denn „damigiana“ oder „damajuana“ klingt deutlich mehr nach dem arabischen „damayan“, auf das der Name zurückgeht. Benannt war die Flasche dabei ursprünglich nach der persischen Stadt, in der sie wohl zum ersten Mal hergestellt oder verwendet wurde: Damajan alias Dāmghān.

gen edelsüßer Wein (Beeren- oder Trockenbeerenauslese).

grappe [grap], (Wein-)Traube.

gras [gra], (geschmacklich) mit Schmelz, fett.

grossier [grɔs'je], (geschmacklich) grobschlächtig.

larmes [larm], Tränen.

léger [le'ʒe], (geschmacklich) leicht.

levure [lə'vyr], Hefe(n).

liège [ljɛ:ʒ], (Natur-)Kork.

lies [li:, plur.], Hefetrub.

longueur [lɔ̃'gœr], Länge (des Abgangs).

louche [luʃ], (farblich) trüb, nicht klar.

lourd [lur], (geschmacklich) schwer.

macération [masera'sjɔ̃], Maischestandzeit.

macération carbonique [masera'sjɔ̃ karbo'nık], Kohlensäuregärung.

mâche [maʃ], Biss.

madérisé [maderi'ze], maderisiert.

maigre [mɛgr], mager.

maître de chai [mɛtr də ʃɛ], Kellermeister.

mariage [ma'ria:ʒ, Hochzeit], das Kombinieren von Speisen und Wein.

maturité [matyri'te], (Trauben-, Wein-)Reife.

méthode champenoise [me'tɔ:d ʃãpə'nwaz, Champagnermethode], méthode classique [me'tɔ:d kla'sık, klassische Methode], méthode traditionnelle [me'tɔ:d tradısjɔ'nɛl, traditionelle Methode], →Flaschengärverfahren.

millésime [mile'zim], Jahrgang.

mis en bouteilles [mizãbu'tɛj], abgefüllt; die Angabe „mis en bouteilles par“ (deutsch: abgefüllt von) mit dem Namen des Abfüllers auf dem Etikett ist in der EU obligatorisch.

moelleux [mwɛ'lø], lieblich, süß, gelegentlich auch vollmundig.

mou [mu], (geschmacklich) weich, flach, ohne Struktur.

moût [mu], Most.

nerveux [nɛr'vœ, nervös], (geschmacklich) mit Nerv.

neutre [nø:tr], (geschmacklich) neutral.

œil-de-perdrix [œjdəper'dri, Rebhuhnauge], 1) rötlich schillernde Farbe, 2) hellroter oder Roséwein in Frankreich, 3) Rosé aus

Spätburgundertrauben in der Schweiz.

onctueux [ɔ̃ktɥ'ø, sämig, cremig], (geschmacklich) mit Schmelz, geschmeidig.

origine [ɔri'ʒin], Herkunft.

passé [pa'se], (geschmacklich) überaltert, umgekippt.

passerillage [pasri'ja:ʒ], Rosinieren (von Trauben).

persistance [pɛrsis'tɑ̃s], Persistenz.

pétillant [peti'jɑ̃], perlend, im übertragenen Sinne Perlwein (eigtl. vin pétillant].

pigeage [pi'ʒa:ʒ, zu „piger" stampfen], Unterstoßen (des Tresterhuts); das französische „piger" geht ursprünglich auf das lateinische „pes", Fuß, zurück.

piqué [pi'ke, zu „piquer", stechen], stichig.

plat [pla], (geschmacklich) flach, fad.

plein [plɛ̃], (geschmacklich) voll.

pourriture noble [puri'tyr nɔbl], Edelfäule.

puissant [pɥi'sɑ̃], alkoholreich, (geschmacklich) kräftig.

raide [rɛd], (geschmacklich) hart, säurebetont.

raisin [rɛ'zɛ̃], Traube.

rance [rɑ̃s], deutlich oxidativ (in Duft und Geschmack).

récolte [re'kɔlt], Ernte, Weinlese; im Zusammenhang mit einer Jahreszahl auch Jahrgang.

récolte tardive [re'kɔlt tar'div], Spätlese.

remontage [rəmɔ̃'ta:ʒ, zu „remonter", wieder hinaufkommen, heraufgehen], Umpumpen.

remuage [rə'mɥa:ʒ, zu „remuer", bewegen, rühren], Rütteln (von Schaumwein).

riche [riʃ], (geschmacklich) reich, vollmundig, gelegentlich auch vielschichtig.

robe [rɔb, franz., Kleid], Aussehen, d. h. die Summe aus Farbintensität, Brillanz und Leuchtkraft der Farbe.

rond [rɔ̃], (geschmacklich) rund, harmonisch.

rosé [ro'se, rosa], eigtl. vin rosé [vɛ̃ ro'se], Roséwein.

rouge [ru:ʒ], eigtl. vin rouge [vɛ̃ ru:ʒ], Rotwein.

rugueux [ry'gø], (geschmacklich) rau.

saignée [sɛ'ɲe], Mostabzug.

Salmanasar, Salmanazar [nach Salmanassar III., König von Assyrien (858–824 v. Chr.)],

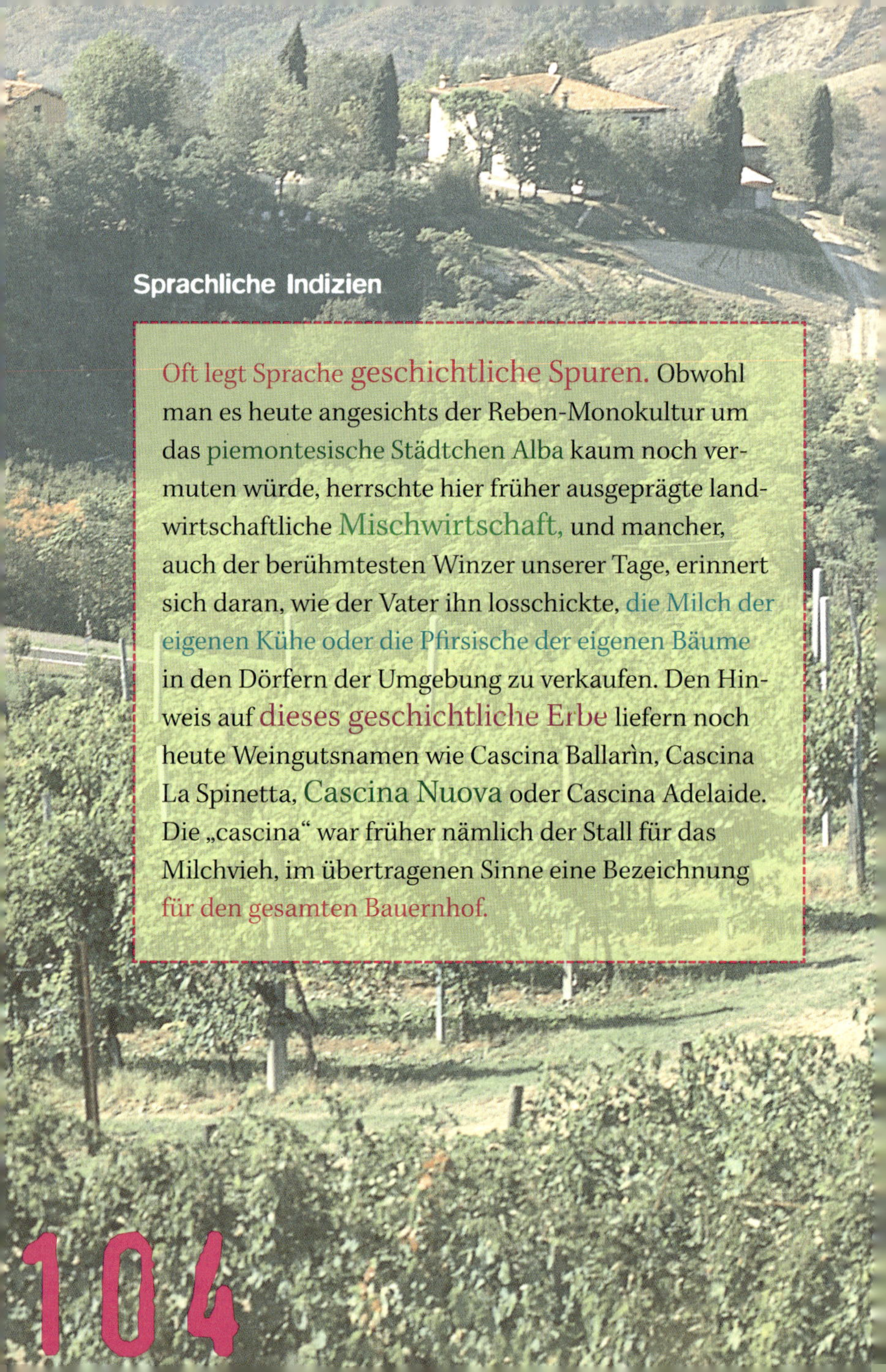

Sprachliche Indizien

Oft legt Sprache geschichtliche Spuren. Obwohl man es heute angesichts der Reben-Monokultur um das piemontesische Städtchen Alba kaum noch vermuten würde, herrschte hier früher ausgeprägte landwirtschaftliche Mischwirtschaft, und mancher, auch der berühmtesten Winzer unserer Tage, erinnert sich daran, wie der Vater ihn losschickte, die Milch der eigenen Kühe oder die Pfirsische der eigenen Bäume in den Dörfern der Umgebung zu verkaufen. Den Hinweis auf dieses geschichtliche Erbe liefern noch heute Weingutsnamen wie Cascina Ballarìn, Cascina La Spinetta, Cascina Nuova oder Cascina Adelaide. Die „cascina" war früher nämlich der Stall für das Milchvieh, im übertragenen Sinne eine Bezeichnung für den gesamten Bauernhof.

(Wein-)Flasche der Champagne mit einem Fassungsvermögen von 9 l.

saveur [sa'vør, Geschmack], (Wein-)Aroma.

sec [sek], 1) (geschmacklich) trocken, 2) dry (Schaumwein).

souple [supl], (geschmacklich) weich, rund.

soutirer [suti're], abstechen.

soyeux [swa'jø], samtig. seidig.

sucre résiduel [sykr rezidy'ɛl, noch vorhandener Zucker], Restsüße.

sur lie [syr li:, auf der Hefe], Hefeabzug.

tannique [ta'nik], tanninbetont.

tire-bouchon [tirbu'ʃɔ̃, zu „tirer", ziehen, und „bouchon", Stopfen], Korkenzieher.

tourné [tur'ne, zu „tourner", drehen], umgekippt.

variété eigtl. variété de cépage [varje'te (də se'pa:ʒ)], Rebsorte.

velouté [vəlu'te], (geschmacklich) samtig.

vendange [vɑ̃'da:ʒ], Ernte, (Wein-)Lese.

vendange verte [vɑ̃'da:ʒ vɛrt, grüne Ernte], Ausdünnung.

vert [vɛr], (geschmacklich) grün.

vieilles vignes [vjɛj viɲ], alte Reben.

vieillissement [vjɛjis'mɑ̃], Altern und Reifen (des Weins), in der Regel in der Flasche.

vigne [viɲ], 1) Weinrebe, 2) Weinberg, 3) übertragen für Lage.

vigneron [viɲə'rɔ], Winzer.

vignoble [vi'ɲɔbl], Weinberg.

vin de dessert [vɛ̃ də de'sɛr], Dessertwein.

vin de garde [vɛ̃ də gard, zu „garder", aufbewahren], alterungsfähiger Wein.

vineux [vi'nœ], weinig.

vinifier [vini'fie], vinifizieren.

viticulteur [vitikyl'tœr], Winzer.

volatile eigtl. acidité volatile [asidi'te vola'til, flüchtige Säure], Essigsäure.

Italienisch – Deutsch

abboccato [abbok'kato], (geschmacklich) halbtrocken; „la bocca" ist im Italienischen der Mund.

acerbo [a'tʃɛrbo], (geschmacklich) herb, grün (Tannine).

acescente [atʃeʃ'ʃentə, zu lat. „acetum", Essig], stichig.

acescenza [atʃeʃ'ʃensa, zu lat. „acetum", Essig], Essigstich.

acetico [a'tʃe:tiko, zu lat. „acetum", Essig], stichig.

acidità [atʃidi'ta], Säure, Säuregehalt.

acidulo [a'tʃi:dulo], (geschmacklich) leicht säuerlich.

acini nobili ['a:tʃini 'nɔbili, zu „acino", Beere, und „nobile", edel, nobel], edelfaule Beeren, im übertragenen Sinne edelsüßer Wein.

affinamento [afina'mento, Verfeinerung], eigtl. affinamento in bottiglia, Prozess der Flaschenreife.

agro ['a:gro], (geschmacklich) hart, sauer.

alcolico [al'kɔ:liko], (geschmacklich) alkoholisch.

alterato [alte'rato], (geschmacklich) verdorben.

amabile [a'ma:bile], (geschmacklich) lieblich.

amaro [a'ma:ro], (geschmacklich) bitter.

amarognolo [ama'rɔɲɲolo], (geschmacklich) leicht bitter im Sinne einer Bittermandelnote.

annata [an'nata], Jahrgang.

appassimento [appassi'mento, zu appassire „verwelken", „trocknen"], Rosinieren (von Trauben).

armonico [ar'mo:niko], armonioso [armon'io:so], (geschmacklich) harmonisch.

arricchimento [arriki'mento], Anreicherung.

asciutto [aʃ'ʃutto], (geschmacklich) trocken bzw. (fast) vollständig durchgegoren.

aspro ['aspro], (geschmacklich) herb, rau.

assaggio [as'saddʒo], Verkostung, Probe.

assemblaggio [assem'bladdʒio, zu franz. „assembler", zusammensetzen], Verschnitt (von Mosten oder Weinen).

Alberner Blödsinn

Langweilige Weine ohne Struktur, Säure und andere Geschmacksstoffe bezeichnet man in der Weinansprache auch als fade, ein Wort, das auf das lateinische „fatuus", albern, blödsinnig, zurückgeht. Daran dürfte die berühmte Weinautorin Jancis Robinson allerdings kaum gedacht haben, als sie vor einigen Jahren die Weine eines berühmten Bordeauxchateaus in Bausch und Bogen als „lächerlich" abqualifizierte ... nur, um dieselben Weine bei der nächsten großen Blindverkostung aller Bordelaiser Spitzenweine zu den besten des gesamten Gebiets zu wählen. So kann man sich irren!

avvinare [avvi'nare], avinieren.

barile [ba'rile], (kleines) Fass, Barrique.

beverino [beve'rino], (geschmacklich) süffig, harmonisch, angenehm.

bianco ['bjaŋko, weiß], eigtl. vino bianco, Weißwein.

bollicine [bolli'tʃi:ne, zu „bolla", Blase, Luftblase], umgangssprachlich für Schaumwein.

botte ['bɔtte], (großes) Holzfass.

bottiglia [bot'tiʎʎa], Flasche.

bottiglione
große Bauch- oder Korbflasche.

brillante [bril'lante], brillant (Farbe).

caldo ['kaldo], (geschmacklich) warm.

cantina [kan'tina], (Wein-)Keller, Kellerei.

cantina cooperativa, cantina produttori [kan'tina koɔpera'tiva], Genossenschaftskellerei.

cantiniere [kanti'nie:re], Kellermeister.

cappello [ka'pello, Hut], Tresterhut.

capsula a vite ['kapsula a 'vite], Schraubverschluss.

caraffa [ka'raffa], Karaffe.

caratello [kara'tello, zu carro „Karren"], fälschlich auch carato [ka'rato], (kleines) Fass.

carattere [ka'rattere], (Wein-)Charakter.

cavatappo [kava'tappo], Korkenzieher.

ceppo ['tʃeppo], Rebstock.

Chiaretto [kja'rɛtto, zu „chiaro", hell], Roséwein bestimmter Herkunftsbezeichnungen.

chiarifica [kja'rifika], Schönung.

chiuso ['kiu:so], (geschmacklich) verschlossen.

clone [klone], (Reb-)Klon.

colmare [kɔl'mare], auffüllen.

colore [ko'lore], (Wein-)Farbe.

corpo ['kɔrpo], Körper.

corposo [kɔr'poso], (geschmacklich) körperreich.

corto ['kɔrto], (geschmacklich) kurz.

damigiana [dami'dʒa:na, vermutl. zu arab. damayan, nach der persischen Stadt Damajan (Dāmghān)], große Bauch- oder Korbflasche.

decantazione [dekanta'tsio:ne], klären.

degustazione [degustat'tsio:ne], Verkostung.

degustazione cieca [degustat't-sio:ne 'tʃɛka], eigtl. degustazione alla cieca, Blindverkostung.

delicato [deli'kato], (geschmacklich) delikat, fein.

diradare [dira'dare], ausdünnen.

diraspare [diras'pare], abbeeren.

dolce ['dɔltʃe], süß.

duro ['duro], (geschmacklich) hart.

effervescenza [efferveʃ'ʃensa], Blasenbildung von Perl- und Schaumweinen.

enologo [e'nɔlogo], Önologe, Weinmacher.

enotecnico [-k-], eigtl. perito agrario specializzato in viticoltura ed enologia, diplomierter Kellermeister.

equilibrato [ekʊili'brato], harmonisch, ausgeglichen.

feccie ['fetʃe], Hefetrub.

fermentazione [fermentat'tsio:ne], Gärung.

fermentazione malolattica [fermentat'tsio:ne malo'lattika, malolaktische Gärung], biologischer Säureabbau.

fiacco ['fjako], (geschmacklich) flach.

filtrare
filtrieren.

fin di bocca [fın di 'bokka], Finish, Abgang, Nachgeschmack.

fine ['fine], (geschmacklich) fein.

floreale [flore'ale], floral (Aromen).

follatura [folla'tura], Unterstoßen (des Tresterhuts).

fragranza [fra'grantsa], angenehm frischer, blumig-fruchtiger Duft.

franco ['franko], reintönig, sortentypisch.

fresco ['fresko], frisch.

frizzante [frıd'dzantə, perlend], eigtl. vino frizzante, Perlwein.

fruttato [frut'tato, fruchtig], nach Früchten duftend oder schmeckend.

fusto ['fusto], (kleines) Fass.

generoso [dʒene'ro:zo, großzügig], vollmundig, körperreich und geschmacksintensiv.

girato [dʒi'rato, zu „girare“, drehen, wenden], umgekippt.

gradazione, eigtl. gradazione alcolica [gradat'tsio:ne (al'kɔ:lika)], grado alcolico ['grado al'kɔ:liko], Alkoholgehalt.

gradevole [gra'devole], (geschmacklich) angenehm, harmonisch.

Schlecht geklont

Klone sind ungeschlechtlich aus einem einzigen Elternteil vermehrte lebende Organismen, die auch bei weiterer Vermehrung mit dem ursprünglichen Lebewesen genetisch identisch bleiben. Im Weinbau ist das Klonen heutzutage die gängigste Methode, um Rebsorten durch Züchtung zu verbessern, widerstandsfähigere Pflanzen zu selektieren und zu vermehren. Aber Achtung! Nicht alles, was in der Weinwelt Klon genannt wird, ist auch ein wirklicher, d. h. aus einer einzigen Elternpflanze entstandener Klon. In Italien oder im englischsprachigen Raum wird häufig von bestimmten Klonen einer Rebsorte gesprochen, obwohl diese gar nicht das Resultat einer wirklichen klonalen, sondern das einer massalen Selektion mit vielen unterschiedlichen Elternpflanzen sind. So wird beispielsweise gern von einem Brunello-Klon der Rebsorte Sangiovese gesprochen, obwohl die klonale Selektion noch gar nicht bekannt war, als die ältestesten Rebstöcke für den berühmten toskanischen Brunello di Montalcino gepflanzt wurden.

grappolo [ˈgrappolo], (Wein)Traube.

grasso [ˈgrasso], (geschmacklich) mit Schmelz, fett.

grossolano [grosoˈlano], grobschlächtig.

gusto [ˈgusto], Geschmack.

gusto di tappo [ˈgusto di ˈtappo, zu „gusto“, Geschmack, und „tappo“, Stopfen], Korkschmecker.

imbottigliato [ɪmbɔttɪʎˈʎato], abgefüllt; die Angabe „imbottigliato da“ (deutsch: abgefüllt von) mit dem Namen des Abfüllers auf dem Etikett ist in der EU obligatorisch.

invecchiamento [invekjaˈmento, Alterung], Altern und Reifen (des Weins), im Fass oder in der Flasche.

invecchiato [invekˈkia:to, gealtert], gereift; in der Regel auf die Fasslagerung bezogen.

lacrime [ˈlakrime], Tränen.

leggero [ledˈdʒe:ro], (geschmacklich) leicht.

lievito [ˈljevito], Hefe(n).

limpido [ˈlɪmpido], klar, ohne Trübungen.

liquoroso
eigtl. vino liquoroso [(ˈvino) lɪkwɔˈroso], Likörwein.

lunghezza [luŋˈgettsa], Länge (des Abgangs).

macerazione [matʃeraˈtsio:ne], Maischestandzeit.

macerazione carbonica [matʃeraˈt͜sio:ne karˈbo:nika], Kohlensäuregärung.

maderizzato [maderitˈtsato], maderisiert.

magro [ˈma:gro], mager.

marciume [marˈtʃu:me], Fäule.

maturazione [maturaˈtsio:ne], (Trauben-)Reife.

maturità [maturiˈta], (Trauben-, Wein-)Reife.

metodo Charmat [ˈmɛtodo ʃarˈmat, nach dem französischen Önologen Eugène Charmat, der das Tankverfahren 1907 entwickelte], →Tankgärverfahren.

metodo classico [ˈmɛtodo ˈklassiko, klassische Methode], metodo tradizionale [ˈmɛtodo tradɪtsioˈna:le, traditionelle Methode], →Flaschengärverfahren.

millesimo [mɪlˈlesimo], Jahrgang.

molle [ˈmɔlle], (geschmacklich) weich, flach, ohne Struktur.

morbido [ˈmɔrbido], (geschmacklich) weich, glatt, rund.

muffa [ˈmuffa], Fäule, gelegentlich auch Muff.

nerbo [ˈnerbo], Nerv.

nervoso [nerˈvo:so, nervös], (geschmacklich) mit Nerv.

netto [ˈnetto], klar, reintönig.

neutro [ˈnɛ:utro], (geschmacklich) neutral.

Novello Vin nouveau.

origine [ɔˈridʒɪne], Herkunft.

passato [pasˈsato], (geschmacklich) überaltert, umgekippt.

pastoso [pasˈtoso], (geschmacklich) wuchtig, üppig.

persistenza [pɛrsisˈtensa], Persistenz.

pesante [peˈsante], (geschmacklich) schwer.

piacevole [pjaˈtʃe:vole], (geschmacklich) angenehm, gelegentlich auch süffig, fruchtig, rund.

piatto [ˈpjatto], (geschmacklich) flach, fad.

pieno [ˈpjeno], (geschmacklich) vollmundig.

pigiatura [pidʒaˈtu:ra], Unterstoßen (des Tresterhuts); die italienische Bezeichnung geht auf das französische „piger", stampfen, und ursprünglich auf das lateinische „pes", Fuß, zurück.

possente [posˈsente], alkoholreich, (geschmacklich) kräftig.

potatura [potaˈtura], Rebschnitt.

povero [ˈpɔvero, arm], (geschmacklich) dünn, mager, klein.

profumo [proˈfu:mo], Duft.

pronta beva
eigtl. di pronta beva [(di) ˈpronta ˈbeva], jung, schon bald nach dem Abfüllen zu trinken.

raccolta [rakˈkɔlta, Sammlung], Ernte, Weinlese; im Zusammenhang mit einer Jahreszahl auch Jahrgang.

raspo [ˈraspo], (Trauben) Stiel, Rappen.

residuo zuccherino [reˈsiduo tsukkeˈrinɔ, noch vorhandener Zucker], Restsüße.

retrogusto [retroˈgusto], Nachgeschmack.

ricco [ˈrɪkko], (geschmacklich) reich, gelegentlich auch vielschichtig.

rimontaggio [rimɔnˈtaddʒo], Umpumpen.

robusto [roˈbusto], (geschmacklich) robust.

rosato [roˈzato, rosa], eigtl. vino rosato [ˈvino roˈzato], Roséwein.

rosso [ˈrosso, rot], eigtl. vino rosso [ˈvino ˈrosso], Rotwein.

Wer als Winzer etwas auf seine Weine hält, der betont ihren Terroirgeschmack oder Terroircharakter und weist seine Kunden und Besucher gern auf den deutlichen „Schiefer"ton hin oder auf die einzigartigen Aromen, die von den Mergel- oder Lehmböden stammten. Diesem Verständnis liegt der weitverbreitete Irrglaube zugrunde, das französische „terroir" sei mit Boden gleichzusetzen, der Terroirgeschmack sei also eine Art Bodengeschmack. Tatsächlich beinhaltet der Begriff sowohl geografische, geologische, vegetative, klimatische und sogar kulturelle Faktoren wie etwa regionale Traditionen in der Weinbergs- und Kellerarbeit. In der Sprache des modernen Marketings ausgedrückt, ist das Terroir dagegen nichts anderes als die „USP" („unique selling proposition", Alleinstellungsmerkmal) von Weinen. Die Summe derjenigen geschmacklichen Merkmale also, die es erlauben, einen Wein allein durch Verkosten seinem Ursprung, seiner Herkunft zuzuordnen. Dass es dazu eines äußerst vielschichtigen, tiefgründigen und in seinen Eigenschaften voll ausgereiften (durch lange Flaschenlagerung) Weines bedarf, versteht sich da fast schon von selbst, denn Primär- und Sekundäraromen sind in der Regel gar nicht finessenreich genug, um eine genaue Zuordnung des Weins zu einer bestimmten Weinbergsparzelle zu erlauben.

rotondo [ro'tɔndo], (geschmacklich) rund, harmonisch.

ruvido ['ruvido], (geschmacklich) rau, tanninbetont.

sapido ['sapıdo], süffig, saftig.

scarico ['skarıko], zu hell.

scelto ['ʃelto, ausgewählt], ausgelesen, im Sinne einer Auslese.

secco ['sekko], (geschmacklich) trocken.

selezione [selet'tsio:ne], Auswahl, Selektion; Bezeichnung ohne gesetzlich definierte Bedeutung, die auf gehobene Weinqualität hinweisen soll.

semisecco [semi'sekko], halbtrocken.

speziato [spet'tsjato], würzig (Aromen).

spigoloso [spigo'loso], (geschmacklich) rau, adstringierend.

spogliato [spɔʎ'ʎa:to, „spogliare", ausziehen], farblich aufgehellt, ausgezehrt.

spumante [spu'mantə, zu lat. „spuma", Schaum], eigtl. vino spumante, Schaumwein.

spunto ['spunto, zu lat. „(ex)punctum", Stich, Punkt], Stich, Essigstich.

stoffa ['stoffa], Stoff.

stramaturo [strama'turo], überreif.

strutturato [strut'turato], strukturiert.

sughero ['sugerɔ], eigtl. tappo di sughero, (Natur-)Korken.

taglio ['taʎʎo], (Wein-)Verschnitt.

tannico ['tanniko], tanninbetont.

tappo ['tappo], Korken.

tappo a vite ['tappo a 'vite], Schraubverschluss.

torbido ['tɔrbido], trüb.

untuoso [un't oso], geschmeidig, mit Schmelz.

uva ['uva], Traube(nbeere).

uvaggio [u'vaddʒo], Rebsortenmischung im Sinnes des Gemischten Satzes.

varietà eigtl. varietà d'uva [var e'ta ('duva)], Rebsorte.

velato [ve'lato, verschleiert], trüb.

vellutato [vɛllu'tato], (geschmacklich) samtig.

vendemmia [ven'demmja], Ernte, (Wein-)Lese.

vendemmia tardiva [ven'demmja tar'diva], späte Lese; im übertragenen Sinn Wein aus spät gelesenen, vollreifen Trauben.

vigna [ˈvɪɲɲa], 1) Weinrebe, 2) Weinberg, 3) übertragen für Lage.

vignaiolo [vɪɲɲaˈɪo:lo], Winzer.

vigneto [ˈvɪɲˈɲe:to], Weinberg.

vigne vecchie [vɪɲɲe vekkie], alte Reben.

vinello [viˈnelo], kleiner, dünner Wein.

vinificare [vinifiˈkare], vinifizieren.

vino da dessert [ˈvino da deˈsɛr], Dessertwein.

vino fiore [ˈvino ˈfjo:re, zu „vino", Wein, und „fiore", Blume], Vorlaufwein.

vinoso [viˈnoso], weinig.

vite [ˈvite], Rebe, Rebstock.

viticultore, viticoltore Winzer.

vitigno [viˈtiɲɲo], Rebsorte.

vivace [vɪˈva:tʃə, lebhaft], leicht perlend oder moussierend.

vivo [ˈvivo], (geschmacklich) lebendig.

volatile, eigtl. acidità volatile [atʃidiˈta volaˈti:le, flüchtige Säure], Essigsäure.

vuoto [ˈvuɔ:to], (geschmacklich) leer, dünn.

zuccheri riduttori [ˈtsukkeri riduttori, noch vorhandener Zucker], Restsüße.

Englisch – Deutsch

acetic [æ'setık, zu lat. „acetum", Essig], stichig.

acidity [æ'sıdıti], Säure, Säuregehalt.

after taste ['a:ftə teıst], Abgang, Nachgeschmack.

aroma [ə'rəʊmə], Aroma.

astringent [ə'strındʒənt], (geschmacklich) adstringierend.

balance ['bæləns], Harmonie.

barrel ['bærəl], (kleines) Fass, Barrique.

barrel aged ['bærəl eıdʒd], im Barrique gereift.

barrel fermented ['bærəl fɜ:'mentıd], im Barrique vergoren.

basket pressed ['bɑ:skıt presd, zu „basket", Korb, und „pressed", gepresst], mit einer Korbkelter gepresst.

blend [blend], Verschnitt.

blind tasting [blaınd 'teıstıŋ], Blindverkostung.

body ['bɔdı], Körper.

bottle [bɔtl], Flasche.

bulk eigtl. bulk wine [bʌlk (waın), zu „bulk", großes Gebinde, und „wine", Wein], Fasswein.

cap [kæp, Kappe], Tresterhut.

carbonic maceration [ka:'bɔnık mæse'reıʃn], Kohlensäuregärung.

cask [ka:sk], (großes) Fass.

chaptalization [tʃæptəlaı'zeıʃn], Chaptalisation.

clone [kləʊn], (Reb-)Klon.

cluster ['klʌstə(r)], Traube, Traubenstand.

coarse [kɔ:s], (geschmacklich) grobschlächtig, rau.

cork [kɔ:k], Korken.

corked [kɔ:kt], corky ['kɔ:kı], korkig.

corkscrew ['kɔ:kskru:], Korkenzieher.

to crush [krʌʃ], (Trauben) mahlen.

cultivar ['kʌltıvə], Rebsorte.

decantation [dıkæn'teıʃn], Klärung.

decanter [dı'kæntə(r)], Dekantierkaraffe.

degree
eigtl. degree of alcohol [dıgri: (ɔf 'ælkəhɔl)], Alkoholgehalt.

demijon ['demıdʒɔn, zu dame-jeanne, ursprüngl. vermutl. zu arab.

Hermitage, Ermitage, Pinotage

Eine der berühmtesten Weinbergslagen der Welt, ein spektakulärer Hang im französischen Teil des Rhônetals, direkt oberhalb der Stadt Tain, hört auf den klangvollen Namen Hermitage, der sich vom französischen „ermitage“, Einsiedelei, ableitet. Sein Renommee war und ist so groß, dass in vielen Teilen der Weinwelt immer wieder versucht wurde, ihn zu kopieren. So nennen beispielsweise die Schweizer die Weißweinsorte Marsanne im Wallis „Ermitage“ und die Australier tauften ihren berühmtesten und ältesten Kultwein „Grange Hermitage“. Das wurde ihnen allerdings nach einigen Jahren von den Europäern, die einen Gutteil des Weins tranken, verboten, weshalb der Wein heute nur noch als „Grange“ bekannt ist. In Südafrika schließlich benannte man sogar eine eigene Rebsortenzüchtung, die rein gar nichts mit dem Rhônetal zu tun hat, sondern den burgundischen Pinot noir und den südfranzösischen Cinsaut zu ihren Eltern zählt, Pinotage – eine Wortschöpfung aus Pinot und Hermitage.

damayan, nach der persischen Stadt Damajan (Dãmghãn)] Glasballon.

dessert wine [dɪˈsɜ:t waɪn], Dessert-, Süßwein.

destem [dɪˈstem], abbeeren.

disgorge [dɪsˈgɔ:dʒ], degorgieren.

dry-farming [ˈdraɪ fɑ:mɪŋ], Weinbergsbewirtschaftung ohne Bewässerung.

dull [dʌl], (farblich) trüb, blind.

estate bottled [ɪsˈteɪt bɔtld], auf dem Weingut gefüllt; Bezeichnung für eine Gutsabfüllung.

estate grown [ɪsˈteɪt grəʊn], auf dem Weingut gewachsen; Bezeichnung für eine Erzeugerabfüllung.

fermentation [fɜ:menˈteɪʃn], Gärung.

fining [ˈfaɪnɪŋ], Schönung.

finish [ˈfɪnɪʃ, Ende], Abgang.

flat [flæt], (geschmacklich) flach.

flavour [ˈfleɪvə], Aroma.

floral [ˈflɔrəl], floral (Aromen).

fortified [ˈfɔ:tɪfaɪd, verstärkt], aufgespritet.

fragrance [ˈfreɪgrəns], angenehm frischer, blumig-fruchtiger Duft.

free run [fri rʌn], Vorlauf.

fresh [freʃ], frisch.

fruity [ˈfru:tɪ, fruchtig], nach Früchten duftend oder schmeckend.

full-bodied [ˈfulbɔdi:d], (geschmacklich) körperreich.

grape [greɪp], (Wein-)Traube.

grapevine [ˈgreɪpvaɪn], (Wein-) Rebe.

green [gri:n], (geschmacklich) grasig.

hand-picked [ˈhændpikt], per Handlese geerntet.

harsh [hɑ:ʃ], (geschmacklich) herb, rau, hart.

harvest [ˈha:vɪst, Ernte], (Wein-) Lese.

heavy [ˈhevɪ], (geschmacklich) schwer, dick, alkoholbetont.

herbaceous [hɜˈbeɪʃəs], herbal [ˈhɜ:bl], grasig, vegetabil.

ice wine [aɪs wʌɪn], Eiswein.

icon wine [ˈaɪkən wʌɪn, zu „icon", Ikone, und „wine", Wein], Kultwein.

jug wine [dʒʌg wʌɪn, zu „jug", Krug, und „wine", Wein], einfacher Wein, der in der Regel in größeren Flaschen (1,5 oder 2 l) verkauft wird.

late harvest [leɪt ˈha:vɪst], späte Lese; die Bezeichnung hat außerhalb Deutschlands und

Österreichs keine gesetzliche Bedeutung im Sinne eines Mindestmostgewichts, sondern steht meist für Weine mit deutlicher Restsüße.

lees [li:z, plur.], Hefe(trub).

length [leŋθ], Länge (des Abgangs).

light [laɪt], (geschmacklich) leicht.

maderized [ˈmædɪraɪzd], maderisiert.

malolactic fermentation [mæləʊˈlæktik fɜ:menˈteɪʃn], biologischer Säureabbau.

maturity [məˈtjuːrɪtɪ], (Trauben-, Wein-)Reife.

medium dry [ˈmi:dɪəm draɪ], (geschmacklich) halbtrocken.

medium sweet [ˈmi:dɪəm swi:t], (geschmacklich) halbsüß, lieblich.

neutral [ˈnju:trəl], (geschmacklich) neutral.

noble late harvest [ˈnəʊbl ləɪt hɑ:vəst, edle Spätlese], Beeren- oder Trockenbeerenauslese; das englische „noble" bezieht sich auf die Edelfäule.

noble rot [nəʊbl rɔt], Edelfäule.

off-dry [ɔf draɪ], (geschmacklich) halbtrocken.

old vines [əʊld vaɪnz], alte Reben.

origin [ˈɔridʒɪn], Herkunft.

perl wine [pə:l wʌɪn], Perlwein.

pleasant [ˈpleznt], (geschmacklich) angenehm, gefällig.

plonk [plɔŋk, zu „(to) plonk", hinwerfen, hinknallen], billiger, einfacher oder auch schlechter Wein.

premium wine [pri:mɪəm wʌɪn], Wein des gehobenen Preis- und Qualitätssegments.

pricked [prɪkt], stichig.

private reserve [ˈpraɪvət rɪˈsɜ:v, private Reserve], Wein, der v. a. in Überseeländern als besondere Selektion, hochwertige Qualität angeboten wird; die Bezeichnung hat keine gesetzlich definierte Bedeutung.

proprietor grown [prəˈpraɪətə grəʊn, vom Eigner angebaut], Erzeuger- oder Gutsabfullung.

pruning [ˈpru:nɪŋ], Rebschnitt.

to pump over [pʌmp ˈəʊvə(r)], Umpumpen.

to punch down [pʌnʃ daʊn], unterstoßen (Tresterhut).

raisining [ˈreɪzɪnɪŋ, zu „raisin", Rosine], Rosinieren (von Trauben).

residual sugar [rɪˈzɪdjʊəl ˈʃʊgə, noch vorhandener Zucker], Restsüße.

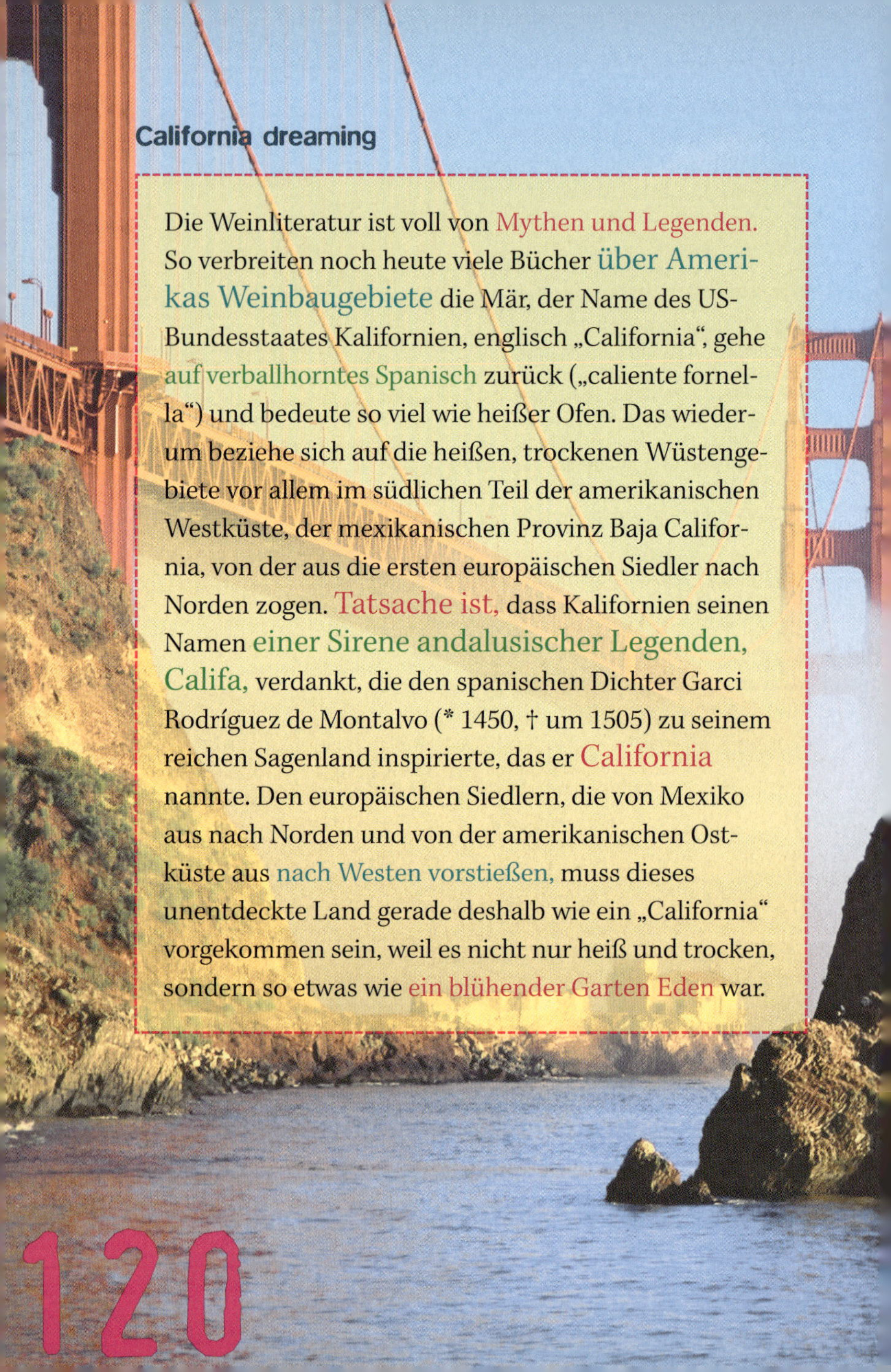

California dreaming

Die Weinliteratur ist voll von Mythen und Legenden. So verbreiten noch heute viele Bücher über Amerikas Weinbaugebiete die Mär, der Name des US-Bundesstaates Kalifornien, englisch „California", gehe auf verballhorntes Spanisch zurück („caliente fornella") und bedeute so viel wie heißer Ofen. Das wiederum beziehe sich auf die heißen, trockenen Wüstengebiete vor allem im südlichen Teil der amerikanischen Westküste, der mexikanischen Provinz Baja California, von der aus die ersten europäischen Siedler nach Norden zogen. Tatsache ist, dass Kalifornien seinen Namen einer Sirene andalusischer Legenden, Califa, verdankt, die den spanischen Dichter Garci Rodríguez de Montalvo (* 1450, † um 1505) zu seinem reichen Sagenland inspirierte, das er California nannte. Den europäischen Siedlern, die von Mexiko aus nach Norden und von der amerikanischen Ostküste aus nach Westen vorstießen, muss dieses unentdeckte Land gerade deshalb wie ein „California" vorgekommen sein, weil es nicht nur heiß und trocken, sondern so etwas wie ein blühender Garten Eden war.

ripe [raɪp], reif (Traubenreife).

rot [rɔt], Fäule.

rough [rʌf], (geschmacklich) rau.

screw-cap [ˈskru:kæp, zu „(to) screw“, schrauben, und „cap“, Kappe, Kapsel], Schraubverschluss.

sharp [ʃɐ:p], (geschmacklich) scharf.

short [ʃɔ:t], kurz (im Abgang).

Show reserve [ʃəʊ rɪˈsɜ(r)v], spezielle Selektion (australischer) Weine, die für Weinwettbewerbe ausgewählt und in kleinen Mengen abgefüllt werden.

silky [ˈsɪlkɪ], seidig, samtig.

skin contact [skɪn ˈkontækt], Schalenkontakt.

sparkling wine [ˈspa:klɪŋ waɪn, perlender Wein], Schaum- oder Perlwein.

sticky [stɪkki, austral., klebrig], Süß- oder Likörwein.

sweet [swi:t], süß.

tannin [ˈtænɪn], Tannin.

tart [tɑ:t], (geschmacklich) grün, hart, auch aggressiv.

tasting [ˈtəɪstɪŋ], (Wein-)Verkostung.

tears [tɪəz], Tränen.

turbid [ˈtɜ:bɪd], trüb.

unctuous [ˈʌŋktjʊəs], (geschmacklich) geschmeidig, schmelzig.

unwooded [ˈʌnwudɪd, ungeholzt], nicht im Barrique vergoren und ausgebaut.

varietal [vəˈraɪətəl], reinsortig.

variety eigtl. grape variety [(greɪp) vəˈraɪətɪ], Rebsorte.

velvety [vəlvɪtɪ:], (geschmacklich) samtig.

vine [vaɪn], Rebe, Rebstock.

vintage [ˈvɪntɪʤ], Jahrgang.

volatile acidity [voləˈtaɪl æˈsɪdɪti, flüchtige Säure], Essigsäure.

wine [wʌɪn], Wein.

winemaker [ˈwʌɪnməɪkr], Weinmacher, gelegentlich auch Erzeuger, Önologe.

yeast [ji:st], Hefe.

Spanisch – Deutsch

abocado [aßo'kaðo], (geschmacklich) halbtrocken oder lieblich; „la boca“ ist im Spanischen der Mund.

acerbo [a'θɛrbo], (geschmacklich) hart, herb.

acescencia [aθɛs'θeŋθĭa, zu lat. „acetum“, Essig], Essigstich.

acético [a'θɛtiko, zu lat. „acetum“, Essig], stichig.

acidez [aθi'ðɛθ], Säure.

acídulo [a'θiðulo], (geschmacklich) leicht säuerlich.

afinación [afina'θĭɔn, Verfeinerung], Prozess der Flaschenreife.

afrutado [afru'taðo], fruchtig.

agradable [agra'ðaßle], (geschmacklich) angenehm, harmonisch.

agrillo [agri'ʎo], säurebetont, sehr sauer.

almacenista [almaθe'nista], Sherry-Kellerei, die Wein lagert (zu „almacén“, Lager) und im Fass weiterverkauft.

alterado [alte'rado], (geschmacklich) verdorben.

añada [a'ɲada], Jahrgang.

añejo [a'ɲɛxo], gealtert, gereift; der Begriff wird in der Regel für jahrelang im Fass gelagerte Likörweine verwendet.

armonioso [armon'ĭoso], (geschmacklich) harmonisch.

aterciopelado [aterθĭɔpe'laðo], (geschmacklich) samtig.

azúcar restante [a'θukar rres'tante, noch vorhandener Zucker], Restsüße.

barrica [ba'rrika], (kleines) Fass, Barrique.

barril [ba'rril], (kleines) Fass, Barrique.

basto ['basto], (geschmacklich) schwer.

bazuqueo [baθu'keo], Unterstoßen (des Tresterhuts).

blanco ['blaŋko, weiß], eigtl. vino blanco, Weißwein.

bodega [ßo'ðega, von griech. apothéke „Abstellraum“], Weingut, Weinkellerei.

bodega de conservación [ßo'ðega de kɔnserƀa'θĭɔn], (Wein-) Lagerkeller.

bodeguero [ßode'gero], Kellermeister.

botella [bo'teʎa], Flasche.

brillante [bri'ʎante], brillant (Farbe).

caliente [ka'lĭente], (geschmacklich) warm, alkoholisch.

capa ['kapa, „Umhang"], Brillanz, Farbintensität und Leuchtkraft, insbesondere von Rotweinen.

cata ['kata], Verkostung.

cata anónima ['kata a'nonima], Blindverkostung.

cepa ['θepa], Rebstock.

cierre roscado ['θiεrre roz'kado], Schraubverschluss.

chato ['tʃato], (geschmacklich) flach, fad.

clarete [kla'rete, zu „claro", hell], heller Rotwein.

clarificación [klarifika'θĭɔn], Schönung.

claro ['klaro, hell], heller Rotwein.

corcho ['kɔrtʃo], Korken.

corto ['kɔrto], (geschmacklich) kurz.

cosecha [ko'sεtʃa], Ernte, übertragen Jahrgang.

cosechero [kosε'tʃero, Pflanzer], Winzer.

cuerpo ['kŭerpo], Körper.

cultivar [kulti'ƀar], Rebsorte.

damajuana [dama'xŭana, vermutl. zu arab. damayan, nach der persischen Stadt Damajan (Dãmghãn)], große Bauch- oder Korbflasche.

degustación [degusta'θĭɔn], Verkostung.

descarnado [deskar'naðo], (geschmacklich) mager.

desgranar [dəzgra'nar], abbeeren.

desraspar [dezras'par], abbeeren.

dulce ['dulθe], süß.

duración [dura'θĭɔn], Abgang.

duro ['duro], (geschmacklich) hart.

embocado [embo'kaðo], (geschmacklich) halbtrocken, lieblich.

embotellado [embɔtə'ʎadɔ], abgefüllt; die Angabe „embotellado por", abgefüllt von, mit dem Namen des Abfullers auf dem Etikett, ist in der EU obligatorisch.

enólogo [e'nɔlogo], Önologe, Weinmacher.

envinar [enbi'nar], avinieren.

espumoso
eigtl. vino espumoso [('βino) espu'moso], Schaumwein mit natürlicher, nicht zugesetzter Kohlensäure.

Pflanzen oder ernten?

Wie bei kaum einer anderen Sprache steckt im spanischen Wort für Winzer, „cosechero“, noch der urtümliche Naturbezug des Weinbaus. Der „cosechero“ ist derjenige, der die „cosecha“, die Ernte, einbringt, und wenn man berücksichtigt, dass „cosecha“ im übertragenen Sinne auch für den Jahrgang steht, kann man den Zusammenhang zwischen der harten Arbeit des Winzers und den Widrigkeiten des Jahrgangsverlaufs fast physisch spüren. Auch im deutschen „Winzer“ steckt übrigens, anders als im französischen „vigneron“ oder „viticulteur“, derjenige, der die Reben kultiviert, oder im englischen „grower“, der Pflanzer oder Farmer, auf dem Umweg über den lateinischen Ursprung des Wortes („vinitor“, der Weinleser) noch das Element der Ernte.

fermentación [fermenta'θĭɔn], Gärung.

fermentación malo-láctica [fermenta'θĭɔn malo'laktika, malolaktische Gärung], biologischer Säureabbau.

fresco ['fresko], frisch

generoso [xene'roso, großzügig], aufgespritet.

grado alcoholico ['graðo alko'oliko], Alkoholgehalt.

gusto ['gusto], Geschmack.

gusto a corcho ['gusto a 'kɔrtʃo], Korkschmecker.

heces ['eθes], Hefetrub.

joven
eigtl. vino joven [('ßino) 'xoƀen], Wein mit geschützter Ursprungsbezeichnung, der in der Regel ohne längere Fassreife jung gefüllt und vermarktet wird.

lágrima
eigtl. vino de lágrima [('ßino de) 'lagrima, Träne], → Vorlauf(wein).

levadura [leƀa'ðura], Hefe(n).

licoroso eigtl. vino licoroso ['ßino likɔ'roso], auch vino de licor ['ßino de li'kɔr], Likörwein.

lleno ['ʎeno], (geschmacklich) voll.

maceración [maθera'θĭɔn], Maischestandzeit.

maceración carbonica [maθera'θĭɔn kar'ßonika], Kohlensäuregärung.

madurez [madu'reθ], (Trauben-, Wein-)Reife.

maderizado [maderi'θaðo], maderisiert.

método tradicional ['mɛtɔdo tradiθĭo'nal, traditionelle Methode], Flaschengärverfahren.

mezela eigtl. vino de mezela [('ßino de) me'θela], Verschnitt(wein).

mosto ['mɔsto], Most.

neutro ['neŭtro], (geschmacklich) neutral.

origen [ɔ'rixɛn], Herkunft.

pago ['pago, Flur], eigtl. vino de pago ['ßino de 'pago, Lagenwein], hochste Kategorie von geschützten Herkunftsbezeichnungen für Wein mit geschützter Ursprungsbezeichnung in Spanien.

pasado [pa'sa:do], gekippt, umgekippt.

picado [pi'kaðo], stichig.

picante [pi'kante], (geschmacklich) scharf.

poda ['poða], Rebschnitt.

podredumbre noble [poðre'ðumbre 'noßle], Edelfäule.

retrogusto [rrɛtro'gusto], Nachgeschmack.

rosado [ro'saðo, rosa], eigtl. vino rosado ['ßino ro'saðo], Roséwein.

sacacorchos [saka'kɔrtʃos], Korkenzieher.

seco ['seko], (geschmacklich) trocken.

sedoso [sə'ðoso], (geschmacklich) weich, glatt.

selección [selɛk'θĭɔn, Selektion], Auswahl, Auslese; Bezeichnung ohne gesetzlich definierte Bedeutung, die auf gehobene Weinqualität hinweisen soll.

semidulce [semi'dulθe], halbsüß.

semiseco [semi'seko], halbtrocken.

sin crianza [sın kri'anθa], zu „sin", ohne, und „crianza", Aufzucht], ohne Ausbau im Holzfass.

sombrero [sɔm'brɛro, Hut], Tresterhut.

tinto
eigtl. vino tinto [('ßino) 'tinto], Rotwein.

tonel [to'nɛl], Fass.

turbio ['turbĭo], trüb.

untuoso [un't oso], geschmeidig, mit Schmelz.

uva ['uƀa], Traube(nbeere).

variedad eigtl. variedad de cepa [ßar'ıedað (de 'θepa)], Rebsorte.

vaso
eigtl. en vaso, [(en) 'ßaso], (in) Buscherziehung.

velado [ve'laðo, verschleiert], trüb.

vendímia [ßen'dimĭa], Ernte, (Wein-)Lese.

verdoso [ßɛr'ðoso], (geschmacklich) grün, hart.

viña ['ßiɲa], Weinberg, Weinbergslage.

vino de lágrima ['ßino de 'lagrima, zu „vino", Wein, und „lágrima", Träne], Vorlaufwein.

vino de licor ['ßino de li'kɔr], Likörwein.

vino de postre ['ßino de 'pɔstre, zu „vino", Wein, und „postre", Nachtisch], Dessertwein.

vivaz [ƀi'ƀaθ], (geschmacklich) lebendig.

Biblisches Getränk

Es gibt neben dem Brot kein zweites Lebensmittel oder Getränk, das in der Bibel einen solchen Stellenwert einnimmt wie der Wein und der Rebstock, der ihn hervorbringt. „Ich bin der wahre Weinstock, und mein Vater ist der Weingärtner", sagt Jesus in Johannes 15,1–8, und im 104. Psalm heißt es: „Du lässest Gras wachsen für das Vieh und Saat zu Nutz des Menschen, dass du Brot aus der Erde bringst und dass der Wein erfreue des Menschen Herz." Als Realpräsenz des Blutes Christi hat es das göttliche Getränk schließlich sogar bis in die moderne Abendmahlszeremonie geschafft, und so muss es auch nicht verwundern, dass Kardinal Ratzinger nach seiner Wahl als Papst Benedikt XVI. sich den vor dem Vatikan Versammelten als „einfachen, bescheidenen Arbeiter im Weinberg des Herrn" vorstellte – angesichts des vatikanischen Prunks für jeden wirklichen Weinbergsarbeiter eine sicher gewöhnungsbedürftige Vorstellung.

Bildquellenverzeichnis

Bibliographisches Institut, Mannheim 13, 62, 65, 110
Bibliographisches Institut, Mannheim/Richard Scholz 93
Bibliographisches Institut, Mannheim/Arndt F. Werner 49
© CORBIS/Royalty-Free 31 f., 38, 52, 66, 90, 120
© DeA Picture Library 81, 104
Studio Faber, Düsseldorf 7, 10, 16, 21, 25, 68, 85, 95
© BurnedFlowers – Fotolia.com 113
© Freefly – Fotolia.com 4, 88
© kuki 76 – Fotolia.com 47
© Oleksandr Moroz – Fotolia.com 127
© richterfoto.de – Fotolia.com 44
© Michael Röhrich – Fotolia.com 4, 47
© scarletus – Fotolia.com 54
© Sigtrix – Fotolia.com 124
© Arkady Ten – Fotolia.com 1, 31, 50
© Stephen VanHorn – Fotolia.com 94
© Xenia1972 – Fotolia.com 10
Christiane Gottschlich, Berlin 81
MEV Verlag, Augsburg 2, 7, 10, 16, 25 f., 35, 57, 69, 74, 78, 85, 101, 107, 117
Photo Digital, München 62
picture-alliance/akg-images, Frankfurt am Main 73, 93
picture-alliance/dpa, Frankfurt am Main 13
wildlife 65

Fonds: CGTextures.com